人気モデル講師が教える
美容レッスン

何かいいこと
あった？と聞かれるほど
美人になれる
モデルマインド

Model&Beauty School『sen-se』講師
彩希子

WAVE出版

はじめに

最近、何かいいことありましたか？
「何かいいことあったの？」って人から言われるくらい、キラキラ感が顔や体にあふれるようなこと、ありましたか？

家族や仕事のために髪を振り乱しながら頑張って、気づけば美容なんてかまっていられない、気力さえ残ってない、というツラさ。心当たりのある方も多いでしょう。
「このままでは嫌だな、ダサい自分も嫌だし、他人にダサいって思われているのも嫌。今の状態で終わりたくないし、本当はキレイになって自信を持って輝きたい！　でもどうしたらいいの?!」という悲痛な叫びは、相談として度々、私に届けられます。

本書は、モデル講師である私が、レッスン現場でモデルや一般の生徒さんに、実際にお伝えしている「モデルマインド」をまとめたものです。美のプロであるモデルの頭の中には、自分を磨くスキルだけでなく、それを支える「モデルマインド＝思考」があります。

いつもキレイで自信があるように見えるモデルも、人間です。悩みもコンプレックスもありますし、迷うこともツラくて仕方のないことだってあります。ただ、それらに立ち向かい、ポジティブに転換していくための思考法を持っているのです。悩みを乗り越えて、強く美しく輝くためには、スキルやメンタルよりも、マインドが私たちの大きな力となります。

私も、モデルや講師として、仕事の現場や、諸先輩方から学んだ思考法・気持ちの整え方を組み合わせて、「私のモデルマインド」をつくり上げてきました。あなたも、本書の中から、自分に必要なものをピックアップして、オリジナルの「モデルマインド」をつくり上げてください。

本書は「モデルマインド」を手に入れて「思考を変えるだけで美人になる本」です。あなたの「自分はダサい」という呪いを解き、キレイになる行動を、自然に選べるようにします。あなたを苦しめている呪いを取り除き、見た目もセンスも美しくなっていく快感で満たしていきましょう。

「私はダサい」って、実は思い込みの部分が大きいのです。コンプレックスや自己卑下、卑屈さは、他人のせいというより、自分で強化してしまった思い込みという名の、呪いかもしれません。

呪いの元は、誰かがふざけて発した悪口や、何かのセリフを「私のことだ」と反射的に受け取ってしまったことなどがあります。属するコミュニティの雰囲気もあるでしょう。

そこでうっかり自分の中に入ってしまった「私はダサい」というイメージを反芻《はんすう》して、心に深く刻み込んでしまうのは、珍しいことではありません。多くの人が、そうやって自分に呪いをかけています。無意識に発する「私ってブスだし～」「もうオバさんだから～」という自虐もそれにあたります。

客観的に見た印象はそうでもないのに、自分の中の「ダサい自分像」が呪いで巨大化し、本人だけものすごく苦しんでいるケースはかなりあります。この苦しみで、本来の輝きがくすんでしまっているのは、本当にもったいないことです。

それに気づくだけで、呪いが解けることもありますし、実は、呪いの元はすでに乗り越えていることだとわかることもあります。例えば、小学校の頃、好きでもなんでもない同級生からふざけて「ダサい」とか「ブス」って言われたこととか。これに気づいて「あ！　コレはもう気にしなくていいやつだ！」とわかった途端、呪いが解けたりします。

さらに、呪いがスパッと解けなくても、自己卑下が始まる気配がしたら「これは呪い、惑わされるな」と自分の前進を止めないための思考ができます。

あるいは、親や大事な人からの心ない言葉で傷つけられた、痛みと悲しみが癒えない人もいるでしょう。その影響は確かに大きいものです。なおさら、自分を癒すためのアクションをとってあげてください。そのアクションを起こせるのは、あなただけなのです。

「モデルマインド」は「自分を大切にする思考法」ともいえます。モデル人生は自分を認めること、磨いていくことの連続です。ある意味仕事として良い自分にも、悪い自分にも向き合わざるをえないのです。

そこでモデルたちは、様々な呪いに気づいて、自分なりに試行錯誤をすることになります。自分の美しさを磨くには、他人との無意味な比較や、自分の偏った知識や考え方を手放していく必要があります。多分、仕事じゃなかったらここまでやらないな、というレベルでやっています。自力で答えにたどり着くのは、結構大変な作業です。そんな努力の結晶がモデルマインドであり、この本なのです。

モデルマインドを手に入れることで、私たちは、強くなれます。自分を大切にする思考法は、心身ともに美しくあるための、考え方と行動の指針です。これがあれば、たとえちょっと逸れたとしても、戻るための適切な方法を選択できます。

「美から外れても戻れる方法を知っている」

自分磨きをしながら、この言葉を何度も繰り返すことで、自信が増し、積極的に心身を美しく磨き上げることに集中できるのです。

だからモデルは強いのだと思います。気が強いと言われがちですが、一本芯の通った強いマインドがあって、不必要な自己卑下、卑屈なポーズをとることが少ないから、そう見えるのです。

今から61のモデルマインドを贈ります。全てできなくても大丈夫です。同時に全てパーフェクトにできる人はいません。著者の私もです。でも、知っておくだけで、きっと私たちは、必要なときに適切なモデルマインドを取り出して、自分を導いたり励ましたりすることができるはずです。

リラックスして、ゆっくりと深呼吸をしながら、モデルマインドをチェックしてください。そして、自分の心を軽くするための実践をしてみましょう。なんとなく良さそうだな、と感じるもので構いません。気軽に始めましょう。

その行動自体が、すでに美しいですし、素敵な心がけです。そのにじみ出る輝きが、すぐに周囲にも伝わるくらい大きくなります。ちょっとウキウキして、新しいことに挑戦する楽しみを味わってください。きっと「何かいいことあった？」って言われるくらいに、あなたが輝き始めます。

何かいいことあった？
と聞かれるほど美人になれるモデルマインド

Contents

Chapter 2 ＊ 心を整える 52

Chapter 4 ＊ モデルスクール体験入学 146

装丁・本文デザイン：白畠かおり
DTP：野中賢（システムタンク）
編集：高田ななこ（WAVE出版）
校正：株式会社ぷれす

Model mind

Chapter 1

身体を慈しむ

1 風邪だけは絶対にひかない

私は、新人モデルたちの最初のレッスンで、「絶対に風邪をひかないで」と言います。「そんなの無理。ひどい」と思うかもしれませんが、これこそが、モデル自身のための言葉なのです。

モデルは絶対に穴をあけられない仕事です。多くの関係者が、その撮影やイベントの日のために集結します。モデルが風邪をひいたからといって代わりはいないのです。皆さんの仕事や育児中でも「この日だけは這ってでもやる」というときがありますよね。

風邪をひいて、一番ツラいのは病気をした本人です。しんどいのに加えて、自己嫌悪や罪悪感に押しつぶされそうになります。体調さえ良ければ、最大のパフォーマンスを気持ちよく発揮でき、多くの人に喜んでもらうことができるのに……と後悔につながるのです。

体調管理は、あなたがいつも健康で快適に過ごし、輝いて生きるための、最も優先すべき重要事項です。あなたという唯一無二の存在を、きちんと大切に扱う意識でいましょう。

自分が唯一無二、というのがピンとこない人は「仕事や人のために風邪をひかない」というのも良いでしょう。最初はそれでも構いません。

しかし、自分が今の状況から抜け出したい、もっと素敵な自分になりたい、と願うのであれば、何よりも自分を「唯一無二の大切な存在」と考えて、「大切に扱う」必要があります。繰り返し、自分に言い聞かせてください。

実践

疲れないためのケアをする

手洗いやうがいをこまめにする、栄養バランスの整った食事をする、良質な睡眠をとるなど、基本的な体調管理をおろそかにしないことです。「当たり前のことを、馬鹿にせず、ちゃんとやる」というマインドが実践できないから、うっかり風邪をひいたり、肌荒れをしたりするのです。モデルだっていつも特別なケアをしているわけではありません。地味で基本的なケアを、徹底してやるだけでも、健康状態も意識も変わります。健康レベルが上がると、髪や肌の艶も増し、顔色だって良くなるのです。

「疲れないのも仕事のうち」と意識を書き換えましょう。

2 ニキビは病院で即治療

誰にとってもニキビや肌荒れは大きな悩みの1つです。見た目の印象に大きく影響しますし、メイクのノリが悪くて、朝からテンションが上がらない、というのは、モデルでなくても、多くの女性が共通して経験することでしょう。

体質だから仕方ない、高級サプリやエステは無理、と諦めている場合ではありません。モデルにとって肌荒れは死活問題。写真は後から修正できると思うのは素人です。いちいち修正の手間が多いモデルなんて、クライアントも採用しません。

ニキビや肌荒れは皮膚科や美容クリニックへ迷わず直行してください。病院へ行くのは大げさなことではなく、最も早い対処法だからです。

肌トラブルは、見た目だけでなく、メンタルに大きく響きます。肌のせいで憂鬱、自信が持てない、だからいろいろなことにチャレンジできない、なんて人生の大きな損失です。気持ちが重くなる原因を1つでも取り除いて、軽やかに生きましょう。

実践

美容院くらいの気軽さで皮膚科へ行く

ニキビや肌荒れが気になったら、すぐ病院へ行ってください。シワやシミも同様です。セルフケアではダメだから肌トラブルが出たのです。繰り返すのならなおさらです。

私自身も以前に「ネットで見つけた症状と同じだから、この市販薬でいいか」と思っていたら、全然見当違いの薬を塗っていた、ということがありました。

髪や歯、ネイルをケアするくらいの、ある種の気軽さをもって専門医の所へ。肌トラブルは、放置するほど治りにくくなったり、痕になったりします。ニキビや炎症の傷痕がシミのようになって、ますます顔を見るのが憂鬱という悪循環にもなりかねません。

病院でしかできない治療や、手に入らない化粧品もありますし、自分の肌トラブルの本当の原因、それを改善するための適切なケア・生活習慣を教えてもらえます。

昔、皮膚科に通ったけれど効果がなかったという方は、今、再びチャレンジを。医療は日々進歩しています。行ってみたけれど、やはり満足がいかない場合は、病院を変えてみましょう。諦めないで。

3 美しさは健康から咲くもの

美しく輝くためには、生命力の輝きが不可欠です。野生の美しい生物たちは、健康でタフである、ということを思い出してください。私たち人間も、その原則は同じ。ファッションが美しく映えるのは、生物としての健康的な心身があるからなのです。

歳を重ねるほど、体と心の疲れは、肌や髪のハリ・艶、目の輝き、姿勢、雰囲気などにダイレクトに表れます。とはいえ、現代社会に生きる私たちが「疲れない」で生きることは、ほぼ不可能です。

私たちが心がけるべきは、日頃から、心身の疲れをできるだけ取り除き、疲れ切ってしまわないための工夫をすることです。

まずはボディケアから始めてみましょう。自分と向き合う時間にもなりますし、小さな効果も実感しやすく、積み重ねることで自信にもつながります。自然と自分を大切にするという意識が芽生えやすくなります。体の疲れが癒されることで、精神的にもタフで落ち込みにくくなるのは、科学的に証明されていることです。

実践

定期的にプロに調整をお願いする

セルフケアはもちろん大切ですが、整体やカイロプラクティックなど、体をメンテナンスできる場所に定期的に通ってみましょう。ボディメイクが好きなタイプなら、パーソナルトレーナーに自分の体へのアドバイスをもらうのも良いでしょう。

マンツーマンで、今の体の状態を見極めてもらい、丁寧に調整とアドバイスをしてもらってください。それが難しければ、動画サービスなどで専門家が発信している情報を参考にしたり、オンラインセッションを受けたりするという方法もあります。

骨格や筋肉のバランスが整うことで、美しい姿勢や、ホルモンバランス向上による良い状態の肌や髪、疲れにくく太りにくい体などが手に入ります。トータルでの美の底上げが期待できるので、ぜひ美容室やネイルサロンと同様に定期的に通う習慣をつくりましょう。

メンテナンス先を選ぶポイントは「通いやすい場所にあるということ」「施術をしてくれる先生との相性が良いこと」です。いくつか通ってみて、ストレスなく通い続けられそうなところを探してみてください。

4 自分の美を人任せにしない

モデル志望者の中には、モデルの美は整形やエステによってのみ成り立っている、つまり、美しい容姿は誰かに任せてつくってもらうものだ、という勘違いをしている方がいます。しかし、モデルは自分自身が商品になる仕事です。自分で努力して、情報を集めて学んで、体型や体質を改善し、メイクなどのテクニックを磨いているのです。「自力」本願でなくては、美しさを磨き上げていくことはできません。美しくなるための覚悟をするのも、美しさの方向性を決めるのも、施術やアドバイスが自分にフィットしているかどうかを判断するのも、全てモデル自身。

だからこそ、今からもっとキレイになっていきたい、変わりたいと考えるなら、自分の考え方と生活スタイルを見直す必要があります。自分の容姿や雰囲気＝自分の美しさに、自分で責任を持ちましょう。そこからしか、美しさの変化は始まらないのです。

全てを一気に変える必要はありません。何か1つだけの変化でも、それは徐々に確実にあなたの輝きを強くします。

実践

プロをサポーターとして活用する

エステも整体も、ジムもウォーキングレッスンも、あなたのサポーターにすぎません。スケジュール的にも金銭的にも、全てのケアをプロにお願いするのは、現実的ではないので、状況と相談しながら、最初にお金と時間をかけていく部位を決めましょう。

まずは、基礎やセルフケアについて、プロの直接指導を受けることをおすすめします。直接行けない場合は、オンラインレッスンで学ぶという方法もあります。ゼロから独学でやるよりもずっと、近道を安全に進むことができます。

メンテナンス先が決まったら、先生と費用なども合わせて相談してどれくらいの頻度で通うのか計画を立てましょう。スケジュールもお金も調整しやすくなります。

定期的にプロに自分の状態を調整してもらい、そこで良くなった状態を、次のメンテナンスまで、できるだけキープするようにします。その際に、日頃のセルフケアのポイントなども教えてもらいましょう。マッサージやストレッチ、良い姿勢、肌のケアはぜひ、習慣化したいところです。

5 ベースを上げて本物感を放つ

「結局ベースが9割です」とプロのヘアメイクさんから教わりました。どれだけ凄腕テクニックを駆使しても、結局は土台の肌や髪が美しいほうが美しく仕上がるというわけです。生まれもった顔の造作の話ではありません。同じ人物でも、一つひとつの素材、パーツが手入れされ、健康状態が良いほうが、より美しく輝くということです。

ベースを整えるとメイクもファッションも、視覚的にわかりやすく美しさが増し、気分を上げてくれます。特に女性は、美しいものを身にまとうことで、それと自分を同化させて感じることができるそうです。だからオシャレをするとウキウキと気分が華やかになります。せっかくなので、この高揚感を、自分自身の「ベース」を磨くモチベーションへとつなげてみてください。

ベースが美しくなることで、少しずつ自信が湧き、オシャレがさらに楽しくなります。メイクを落としたら、服を脱いだらとけてしまう魔法よりも、もう少し続く嬉しさを手にしましょう。

実践

まずは髪・肌・歯・爪を磨く

すぐキレイになりたかったら、ダイエットよりもベースの素材磨きをしましょう。特に、髪・肌・歯・爪は最優先事項です。この4つは自分も含めて人の目に最も映る場所、つまり印象を左右する要素でもあります。ここがキレイになると清潔感は爆上がり。印象美人へ一直線。自分ウケも人ウケも格段に良くなります。ベースの調子が良いと、「本物感」が漂います。誤魔化していない、本物の美しさをもった人、という印象になるのです。

詳しくはP. 152でも説明しますが、いずれも艶・ハリのある状態を目指します。ベースには健康状態が表れ、生活習慣が反映されます。外からのケアだけでなく、内側からのケアが重要です。

免疫力を高めつつ、風邪をひかないようにするのに加えて、冷え性、無理なダイエット、睡眠不足、過度なストレスなども、外からのケアと合わせて、少しずつでも改善しましょう。習慣を変えるというのは、最初はどうしても面倒さが伴います。しかし、義務ではなく、快適に生きるための楽しみと捉えて、今から取りかかってみてください。

6 理想と現実は、数字と写真で把握

痩せたい、キレイな体つきになりたい、という人でも、今の自分の体のサイズと、理想のサイズを知らない人がほとんどです。体重やスリーサイズは、把握しておきましょう。ボディメイクに関して、数字はあくまで目安ですが、数字をモチベーションにできるタイプの人は積極的に計測して変化を楽しんでください。体組成計《たいそせいけい》とスマホアプリが連動して、変化を見せてくれるものなどは楽しいと思います。

逆に、数字を気にしすぎてプレッシャーを感じるタイプの人は、参考程度と思って大丈夫です。重視したいのは、見た目、つまり全体のバランス、ラインや引き締まり具合です。

特に大人は、急に痩せたり、痩せすぎたりすると見た目が老けます。今までの「細い信仰」は捨てて、「細いかどうかより、上がってるかどうか」という視点を取り入れてほしいところです。スリムでも、下がった肌、しぼんでたれたお尻、深くなったシワなどは老けた印象をぬぐいきれません。適度なトレーニングも取り入れながら、理想のボディラインを目指しましょう。

実践

正しい現状把握と定点観測

①体重計とメジャーで数字をチェック。スリーサイズと二の腕、太ももまわり、ふくらはぎ、くらいははかっておきましょう。面倒なら気になる一ヵ所だけでも。

②体のラインがわかる服装で、前後・横からスマホで写真撮影。客観的に自分の体を見る。ビフォア写真があると、経過と結果を見た目で確認しやすく、モチベーションの支えになります。

③さらに、目指すスタイルの写真も用意すると良いでしょう。目指す体の具体的なイメージが湧きます。イメージの力は侮れません。意外と、理想の体のイメージがわかっていない人も多いです。昔の自分の写真でも、モデルや女優さんの写真でも構いません。あまりに骨格、身長などが違いすぎる人より、自分に似たタイプで理想のスタイルに近い人を、選ぶほうがおすすめです。計測と写真撮影は、定期的に行い、チェックします。数字がストレスなら写真だけでも大丈夫です。

7 食べたもので私はできている

習慣の集大成が、あなたの心と体といっても過言ではありません。食べるものは体の直接的な材料。良質の材料からは良質の作品が生まれ粗悪品からは粗悪品しかつくれません。

良質とは、必要な栄養素がきちんと揃っている、不要な添加物などが少なくヘルシーである、ということを指します。食事を見直すときに、私たちは、つい食べる量やカロリーにばかり目を向けがちですが、それでは不充分です。

最近のダイエットでは、質と栄養素を重視します。粗悪品を避けて、良質な食品から必要な栄養素を摂取し、体が最高に機能する状態を目指すのです。

全てを良質なものだけにできれば理想的ですが、現実的ではありません。ヘルシーなもの、高価で特別な食材やサプリなど、上を求めればキリがないからです。まずは、体に悪いものを減らす、手に入る範囲で良質なものを選ぶ、調理法を変える、という視点で食品を選びましょう。間食から、調味料から、野菜の摂取量や質からなど、少しずつ変化させていくのが良いでしょう。

実践

食事の写真・メモをとる

食事を見直すには、客観的な記録で振り返る必要があります。

食事も間食も飲み物も、毎日の口に入れるもの「全て」をスマホで撮影してみましょう。メモのほうが好きなら、書いて記録するのも良いです。「記録が面倒で、メモをしなくていいように間食を避けるようになって痩せた」というモデルもいました。

まずは1週間分、普段の食事写真を集めてみましょう。冷静に見返すと、意外とたくさん食べていた、内容が偏りがち、甘い飲み物を頻繁に飲んでいるなど、気づきがあるはず。

あとは、気づいた点を次の食事から少しずつ変化させていくだけです。

自分でわからない場合は、専門家に写真を見せて相談します。身近で思い当たらなければ「食事指導　ダイエット　写真」などで検索して探してみると良いでしょう。

知人で「食事量やカロリーを制限しすぎて、体脂肪を燃やすことができなくなっている」と指導されたモデルもいました。彼女はタンパク質やビタミン、ミネラルを摂取するアドバイスを受けて食事量を増やした途端、体が引き締まりだしました。

8 食べないダイエットは厳禁

食べないダイエットは甘美なる最悪の禁じ手です。むやみに食事を抜いて減量しようとする行為は、本当に危険で、私自身が身をもって体験しています。信じられないほどリバウンドし、その後は驚くほど本当に痩せません。肌質や体臭は異様になり、メンタルも如実に悪化しました。

絶食により、筋肉が痩せ、代謝が落ちるので、細くなったように見えても体脂肪率が急上昇した、いわゆる隠れデブの状態になります。栄養不足で脳も正常に働かず、メンタルにもダメージが出ます。見た目にもシワ・シミが増え、艶を失うので、一気に老け込みます。摂食障害のリスクも無視できません。これは決して極端で特別なことではなく、誰もが思いがけず陥ることです。完治には大変な時間と苦しみが伴います。

大人のダイエットは、老けないこと、若返ること、それをキープすることが重要です。目指すは「自分が見て、触って、テンションが上がる体！」。これを心に深く刻んでください。

実践

「何をしてもダメ！」と思ったらパーソナルトレーニング

本書では、何度も「プロに頼れ」「正しい知識が必要」ということをお伝えします。専門家から、自分に合った知識と方法を学び、美しくなりましょう。体質、持病、生活リズムやライフステージ、運動経験や金銭面など、多様な要素によって、合うダイエット方法は異なります。一度は、プロの直接指導を受けてください。美しい体をつくるならトレーニングは不可欠。パーソナルトレーニングは、きっとあなたを正しい道へ導いてくれます。

中途半端なイメージや間違った知識で闇雲にダイエットをして、挫折し続ける人を多く見てきました。「何をしてもダメだったんです」という人は大抵このパターン。もう自己流では無理なので、プロに「自分用の正解」を教わりましょう。

SNSにあふれる「私はこれで痩せました」系の情報には、危険で誤った方法もあります。あくまで参考程度、モチベーション維持のために見る、というのが良いでしょう。

プロの直接指導を受けるのが難しい場合は、せめてプロ発信の情報を選びましょう。自分の年齢や目的、体調に合ったケアで、無理せず行えるものを選ぶことが大切です。

9「唐揚げとスナック菓子が好き」でもOK

人生の喜びは美だけではなく、好きなものを食べて楽しむことも含まれます。揚げ物やスナック菓子が体に良くない、と知っていても好きなものは好き。一生断つべし、とは言いません。そういう極端な思考は挫折と失敗のもとです。

まず、食べるにあたっては、「食うなら迷うな、迷うなら食うな」です。「食べたら太る」という恐怖と罪悪感を抱いたまま食べるのは絶対にいけません。食べるときは感謝して潔く、口福を味わいましょう。翌日からまた健康的な食生活に戻ればいいのです。

自分の好物が、自分の健康や美を害している、控えるべき、という自覚があるなら、一定期間お別れをしましょう。食生活はダイレクトに体と脳に影響を与え、悪習慣は未病を生み出します。その未病のストレスのせいで、さらに味が濃くカロリーの高いものを欲し、体型は崩れ、常にだるい、冷え性がツラい、情緒不安定、などの症状を加速させます。

未病が癒され、体調が良くなると、体に悪い大好物のダメージにも多少は対抗できるようになり、少量で満足できるようにもなります。全く欲しなくなることもあるのです。

実践

マイルドドラッグに注意する

マイルドドラッグをご存知でしょうか。精製された砂糖・炭水化物・塩・脂やうま味調味料などを指します。これらを多量に含むスナック菓子やジャンクフード、甘いお菓子や清涼飲料水、レトルト食品やコンビニ弁当などの飲食物には、ついつい口にしたくなり、口にしだすと止まらなくなる常習性があります。

マイルドドラッグは、頻繁に大量に摂取することで、確実に依存症をもたらします。お菓子も糖質も脂質も、適量ならば問題ないのですが、中毒性が高いため、自覚がないうちに大量摂取しがちで、その結果緩やかに肥満や生活習慣病を引き起こします。

もし中毒になっている場合は、一気に断つことが最善と言われています。3日だけ、1週間だけでも諦めずに一定期間の「お菓子断ち」「揚げ物断ち」を繰り返すことで、中毒症状が和らぐようです。食事の全てから糖質や脂質を除外することはできません。依存している食品群を断つ、1日の3食中、1、2食だけ炭水化物を減らして糖質制限する、などの工夫も合わせてトライしてみましょう。

10 行動を変えていく

知識だけはある、やる気だけはある、というのはもう卒業です。イメージの力は偉大ですが、実際に行動しないと現実は変わりません。

私たちの体は、日々の行動によって、形作られます。毎日「この体になるための行動」をしているのです。行動＝習慣です。習慣を変えれば現実が変わります。ウエストを細くしたければ、そうなるための行動を採用するだけです。

この当たり前すぎることが、なぜかできないものです。しかし、これはあなただけを責められません。挫折して元に戻ってしまうのは、大いなる本能のせいでもあるからです。

ダイエットに限らず、これは変化・成長したいと決心したときには、いつも直面することなので、様々な場面に応用できるはずです。これを知って気持ちが楽になった、必要以上に自分を責めなくなった、というモデルたちも多くいます。

挫折を誘発させる本能、それはホメオスタシス＝恒常性です。美しくなりたい、と決心したとき、これとうまく付き合う必要があります。

実践

ホメオスタシスについて知る

ホメオスタシスとは、現状維持しようとする人間の本能のことです。体温や血圧を一定にキープしたり、慣れない場所や状況から逃げ出したくなったり、いつもの場所に戻りたいと思ったりするのは、この働きによるものなのです。

ホメオスタシスは、生命体の最重要課題「生き延びる」のために強力に働きます。自然界では、変化をすると死のリスクの上昇につながります。昨日までこの状態で生きられたから、昨日のままでいたいというのが、体の本能です。

死のリスクを回避するために、ホメオスタシスは「今まで通りに戻して体（自分）を守る」というコマンドを実行するのです。これが「なかなか変われない」理由です。

このホメオスタシスは、変化の最初は暴れまくるのですが、一旦慣れたら大人しくなります。もしくは、ホメオスタシスが気づかないくらいゆっくりのペースで徐々に変化していく必要があります。つまり習慣化さえしてしまえば、新しい習慣を自動的にキープしてくれることになりますから、いいお付き合いスタイルを探しましょう。

11 挫折しない習慣をつくる

欲張りすぎず1つずつ習慣化していくほうが、ホメオスタシスの暴走も抑えられます。やるぞ！　と意志力で頑張るより自動化（ルーティン化）を目指すほうが続けやすいです。

さらに、できない日があっても自分を責めないようにしてください。反省しても、自分を痛めつけても、ストレスで、新習慣に嫌なイメージがつくだけで、残念ながら目標達成には逆効果なのです。

間食など、悪い習慣をやめる、という場合もあります。この場合は「面倒くさくする」「義務・ノルマにして嫌になるようにする」「治療する」などの方法があります。

例えば、お菓子を食べすぎてしまう人は、常にお菓子のストックがあるものです。手元に置かず、本当に食べるべきかを自問自答し、食べるためにはわざと遠くまで買いに出ないといけないルールにしたりする、というような工夫をします。

砂糖やアルコール、煙草などは中毒性も高いため、1人の力では断つことが難しい場合もあります。生まれ変わりたいのなら、プロや仲間を見つけて、協力してもらいましょう。

実践

いつもの行動とセットに＆アラームセットで新習慣発動

プロに組んでもらったメニューや、自分で設定した「理想の体になるための行動」を習慣化するには「タイミング」「場所」「きっかけ」の3つを明確にしましょう。さらに、定着させるには週4回以上の頻度で行うのがおすすめです。

例えば、ダイエットのために、ウォーキングを毎日30分するとします。

◎タイミング：朝の通勤時／毎朝の洗濯が終わったら／11時など
◎場所：通勤路／家から○○駅まで／近所の大きな公園など
◎きっかけ：新しい起床・出勤時間にアラームセット／洗濯終了時など

過去の生徒さんには、トイレに行くたびに5回スクワットする、とか、昼休みに階段を3階分上り下りする、と決めていた人もいました。すでに習慣化していることをきっかけにすると、続けやすいようです。

12 環境を整える勇気を持つ

美しくなるために、食生活や生活習慣を変えよう、と決心しても、身近な人の反応を気にしたり、協力してもらえないと思い込んだりして、諦めてしまうことがあります。

モデルで多いのが、食事内容やタイミングを見直したいけれど、「親がヘルシーなメニューをつくってくれない」「食事量を減らすと家族や友達に嫌な顔をされる」といった悩みです。ジムや整体に行く間、子どもを配偶者に預けるのはきっと嫌がられそう、というパターンもあります。

しかし「協力してもらうのはきっと無理」と決めつけて、実は相談さえしていないことも多いのです。伝えてみれば意外とＯＫをもらえたり、何度も説明し、本気を行動で示すことで徐々に理解してもらえたりもします。周囲の人の協力が必要なら、説明なしに全面協力を期待するのは怠惰です。嫌な顔をされるのが怖い、という気持ちはとてもわかります。でも、まずは勇気を持って行動を。それでダメなら別の方法を考えましょう。

実践

ホメオスタシスに流されるな

ホメオスタシスは、変化するあなた自身にも作用しますし、周囲の人たちにも働きます。仲間の変化は群全体のリスク。変化しようとする者を引き戻す本能が働くのです。

話しても理解が得られない場合は、一時的に距離をとって離れるという道もあります。家族など距離をとれない場合は、一旦黙って、できる範囲のことを粛々と実行していきます。無言で実行。とりあえずは動きましょう。

身近な人が協力者になってくれない場合はネットでもリアルでも、いつものコミュニティの外に仲間を見つけるのが良いでしょう。似た価値観や目標の人たちと交流をすると、意識や知識がどんどん更新され、あなたの美しさが加速します。

そういう意味で、ジムやウォーキングレッスンは、週に1度でも「理想に近づくための環境」に身を置けるので、レッスンの内容以上のメリットがあるといえます。

家族や友達を置いて、自分だけ違う場所に行く、ということに、寂しさや罪悪感を抱く人もいますが、それは不要です。ホメオスタシスのせい、と割り切りましょう。

13 結局、良質な睡眠が一番！

結論から申します。結局、美容には良質な睡眠が一番効きます。寝ましょう。

モデルの生徒さんたちも、新人ほど、不安とストレスに駆られてしまい、本番前夜にもかかわらず、練習やケアを深夜までやってしまいがちです。ストレス太りする人も珍しくありません。しかし、美しいことが仕事であるモデルは、これは避けるべきです。血色・肌艶よく、目が輝きクマもなく、元気で強いオーラを発することが重要だからです。頭がボーッとして、仕事にミスが出るのも絶対にダメ。

睡眠不足は、脳に多大なダメージを与え、睡眠中の脳や肉体の修復活動を阻害します。その結果、肌は荒れ、脂肪燃焼力が落ち、食欲コントロール力が鈍り、日中の運動量が減り、さらに太る、という恐怖のループに突入。様々なホルモンバランスが狂って、脳内の毒素も排出できずにいるため、人の意思の力では抗えません。1日の睡眠不足でも、この作用は起こります。さらに、近年の研究では慢性的な睡眠不足によって、脳は自己破壊するとも言われており、アルツハイマー病などとの関連性も指摘されているのです。

実践

入眠ナイトルーティン

寝る前は、体を優しくほぐすようなマッサージやストレッチを、ゆったりと行うと睡眠の質が上がります。全力でやると目が覚めてしまうので、5~8割くらいのゆるさで、リラックスして行います。一生懸命にやらないことが大切なのです。

私は【首・背中・前腕・股関節のストレッチ】【首後ろ・眉・喉のマッサージ】【つぼ押し（百会《ひゃくえ》・安眠・失眠）】を行うことが多いです。あくまでこれは一例です。自分なりの入眠ルーティンをつくってみましょう。

疲れている部分を、気持ちいい~イタ気持ちいい程度の力でケアします。一ヵ所だけでも、短時間でも構いません。お気に入りのアロマを焚いたり、入眠音楽を聞いたりしてもいいかもしれません。

もし、慢性的な睡眠不足や、何度も夜中に目が覚めるなど、工夫しても良質な睡眠がとれないという場合は、医師に相談してみましょう。外からも、内からもいろいろ大変なことが多い大人だからこそ、プロの力も借りて、乗り越えていくことが大切です。

14 良質な睡眠は寝具から

肌トラブルがなかなか治らない人は特に、寝具カバーの取り替え頻度を上げてみてください。病院での治療や食生活の改善でも、なかなか顔、頭、背中などのニキビが良くならない場合、寝具を徹底的に清潔にすることで改善することがあります。これも私の体験談です。

汗だけでなく、垢、皮脂、フケ、頭髪、よだれやニキビからの分泌物など、体からは様々なものが寝具に付着していきます。

さらに、空気中のハウスダストやカビ、花粉も寝具に降り積もります。人の目には気にならない程度の湿気や汚れでも、ダニや菌にとっては、繁殖するのに充分な環境。パジャマも含む寝具は、想像以上に汚れやすいものなのです。

いくら入浴や治療をしようと、不潔なものに全身を包まれて寝ていれば、効果は薄くなってしまいます。汚れやアレルゲンが肌に付着すると、肌の正常な機能も阻害され、肌の常在菌たちが暴れ出してトラブルが発生、悪化してしまいます。

実践

寝具は適度に洗濯を

枕カバーだけでも毎日交換したいところです。大変なら枕の上にタオルを敷いて、それを毎日洗濯して取り替えるなどの工夫をします。シーツや布団カバーは大きくて、毎日は難しいかもしれません。ただ、肌のトラブルを改善したければ、週2、3回くらいを目標に頑張ってみてください。特に肌のトラブルがなければ週1、2回でもやってみてください。

洗濯以外でやっておきたいことは「起床後、しばらく掛け布団をめくって、湿気をとばす」「布団を乾燥させる」です。天日干しは除湿と消臭ができます。ただし、雨の翌日は大気中の湿度が上がり、布団がかえって湿るので避けましょう。

外干しにこだわる必要はありません。室内干しや、布団乾燥機の利用がおすすめです。乾燥機の後には、掃除機でホコリとダニの死骸を吸い取りましょう。

1年に1、2回は布団の洗濯をするのが理想的です。専門業者にお任せすると、ラクで確実です。

15 究極は「呼吸」

運動も、セルフケアも無理！　毎日忙しすぎる！　もう気力ない！　でも、このままではツラい、という方は「深呼吸」してください。呼吸は、究極の健康法ともいえます。ゆっくりと深く吸って、深く吐くのです。とにかく、しっかり息をして。

大事な仕事やオーディションや結婚式が間近、それなのにダイエットがうまくいかない、肌荒れやむくみが良くならない、と嘆くモデルや花嫁からの相談は後を絶ちません。皆、最高の美しさで迎えたい大切な日が迫っているのに、変化しない（どころか悪化する）自分の状態に、追い詰められています。痩せたいという強い思い自体もストレスになっているのです。

また、仕事や育児、介護などで、もう何かをする気力さえ残っていない人も多くいます。疲労とストレスで息も絶え絶え。私たちのほとんどが、思い当たるのではないでしょうか。追い詰められたときには呼吸をする。それだけで大丈夫！　心と体が息を吹き返します。

実践

息して!!

こまめに深呼吸すると、ストレスが緩和されて、心身が整いやすくなります。過度なストレスは代謝と免疫力を下げ、痩せにくさと不調を招きます。この悪影響はすぐに、てきめんに体に表れます。それを緩和し改善するのが、深呼吸です。深呼吸は、体液の循環を促し、自律神経を整えてくれます。するとリラックスでき、内臓や肌の調子が整い、キレイな姿勢もとりやすくなっていきます。もちろん、ダイエットの効果も表れやすくなります。さらに、継続するほど、メンタルも強化されますので、どんな人も習慣化するメリットが大きいといえます。

ウォーキングレッスン中、「息して」と指導することが度々あります。呼吸が浅くなると体が硬くなり、目の表情がなくなって、魅力的なパフォーマンスができなくなるからです。きちんと呼吸することで、その場ですぐに雰囲気や心身のパフォーマンスが良くなるので、大事なプレゼンの前などにも意識することをおすすめします。

16 1回でも深呼吸しよう

難しいことは抜きにして、深呼吸をしましょう。

腹式呼吸は副交感神経を刺激し「リラックス効果」が、胸式呼吸は交感神経を刺激して「リフレッシュ効果」が期待できます。どちらも心身にメリットがあります。

リラックスしたい場合は、「お腹の下のほうまで空気を取り込む」イメージで、お腹を膨らませたり凹ませたりして、腹式呼吸にトライを。

呼吸法には本当にたくさんの種類があります。疲れ切っているときや、心が落ち着かないときに、いちいち考えるのは、結構難しいはずです。

私は、まずは「たくさん酸素を体に入れる」ができたらOK、くらいの気軽さでやってほしいと考えています。心がちょっと落ち着いて、深呼吸に慣れたら、詳しい方法を確認しながらやればいいと思います。

実践

気軽な深呼吸！

姿勢を正して（背筋はピンと）。姿勢を正して座るのもツラければ、横になっても良いです。普段の呼吸よりもゆっくりと、深く吐いて、深く吸います。

しっかり「吐く」のもポイント（しっかり吐けば、自動的にしっかり吸えます）。

呼吸に意識を向けます（注意がそれても戻せばＯＫ）。お腹や胸がポンプのように大きく伸び縮みするのを感じてください。酸素を体中に行き渡らせましょう。

◎回数や頻度：いつでも好きなだけ。毎日1分程度でも構いません。目安は1回（吸う＋吐く）あたり10秒程度。吐く時間を長くするほうがラクです。短時間から始めて、慣れたら毎日10分くらい。

◎鼻呼吸・口呼吸：鼻呼吸をおすすめしますが、まずはラクなほうで。鼻から吸って、鼻か口から吐くでもＯＫ。

◎腹式呼吸・胸式呼吸：どちらでも。まずは考え込まず心地良く深呼吸できれば良し。

Model mind

Chapter 2

✳

心を整える

17 他人になるのは諦めて

モデルたちには「自分の、この顔と体で生きていく（モデルとして戦っていく）と覚悟を決めて。他の誰かになるのは無理だから諦めて」と言います。たとえ整形手術を受けても、身長や手足の長さ、骨格のバランスは変化しません。この生まれもった素材を最高レベルまで高めていくことに集中するしかないのです。

モデルは、身長に対する大体のサイズが決まっています。しかし「モデル体型」とは、モデル業界的に都合の良い体型というだけで、万人にとっての正解ではありません。モデル体型は、多様な体型のうちの1つにすぎません。体型も個性です。好きな体型を目指しましょう。快適で、自分のテンションの上がるスタイルを、改めて考えてみてください。

夢をみることも素敵ですが、私たちは現実を生きて、現実をハッピーに変えたいので、現実を受け止めて動くことが必要です。

実践

自分のボディタイプに合わせて体をつくる

凹凸の少ない少年のようなスタイリッシュな体、カーヴィーなメリハリのある体など、まずは自分のボディタイプ路線で、体づくりを考えましょう。このほうが成果が出やすく、ストレスも少ないです。メイクやヘアスタイルも同じことです。自分の顔の形やパーツの特徴を活かす方向を考えてみます。自分の体や顔つきで比較的「良いかも」と思える部分を徹底的に磨き、隠したい部分はメイクやファッションでカバーするという工夫も良いでしょう。隠したい部分を変化させるのは、少し時間がかかることがあるので、先に長所を重点的に伸ばして見せておくわけです。

「細い」と「キレイ」はイコールではありません。「細い」＝良いスタイル、「キレイ」＝痩せている、という思い込みは今すぐ捨てましょう。

18 目指すは世界一の美人じゃなくて最高の私

人間、自分のことは10％くらいしかわからないそうです。ですから、自分のことを知るには、他者の視点を取り入れて、総合的に判断していくほうが、正確性が高まります。人間、意外と、他人のことは冷静で正確に判断できているものです。

自分の長所を数える意識が必要です。「長所」というと構えてしまいがちですが、「（お世辞でも）褒められたこと」「悪くはないところ」「（他人と比較してではなく）自分の中ではマシかなと思うところ」くらいで大丈夫です。「全部ダメ」は単なる思考停止。何の前進も生みません。現実を変えたいなら頭の中も働かせて、行動していきましょう。

他人と比較するのは意味がありません。比べるほど、上には上がいると感じますし、多くの人は世界一の美人ではなく、最高の自分になって幸せを感じることを目指しているので、他人と比べて落ち込む必要はないのです。別に世界一の美人じゃなくても、幸せになれます。そもそも美しさは多様すぎて比べるのは難しいです。

実践

ちょっと悩んでいる親友にアドバイスするつもりで

自分の長所・特徴、得手不得手を、まるで友達にアドバイスするように、口に出し、メモしてみましょう。あまり深く考えず、感情もフラットに、ある意味「ちょっと無責任に」ぽんぽん並べます。鏡を見ながらやるのもありです。途中で「いや違う」と否定しないように。最初は慣れないと思うので、何度もやることをおすすめします。

「髪がキレイと言われたことがある」「ポッチャリしてるけど足首や手首は細め」「お尻はわりと上がってる」「不器用なところもあるけどコツコツ頑張れるほう」「運動は嫌いじゃない」「結構メイク好きだからもっと極めたらどう？」など、もう一人の自分を、信頼する大切な親友だと思って、アドバイスを届けてみましょう。お互いに気の置けない仲ですので、変な気づかいや感情移入も不要です。ただ、冷静に優しく愛情を届けるだけです。

19 自分が美しくなることを許す

レッスンを始めるとき、全ての生徒さんに「自分が美しくなることを、自分に許す」という約束をしてもらいます。さらに「レッスンの最初から最後まで、ええ女・ええ男で！」とも言います。つまり「イケてるカッコイイ私」という設定を、レッスン中ずっと意識し続けてもらうのです。モデルクラスも一般クラスも同じです。

キレイになりたい、と言いつつ、全力で自分に「いやいや、何してんの私」と照れ隠しのツッコミを入れて、成長の変化を壊してしまう人がいます。

一念発起してウォーキングやメイクのレッスン、ジムなどに申し込んだのに、急に恥ずかしくなったり、冷めた気持ちになったりするアレです。キレイになるために頑張っているのに、自虐の笑いで誤魔化すか、あるいは辛辣なツッコミを入れて、元に戻ろうとします。これらは全てはホメオスタシスのせいです。恥ずかしさや冷めた感情が出てきたら、順調な変化の証と受けとめ、自分が美しくなることを自分に許し続けてください。

実践
ホメオスタシスのツッコミは呪文で退散！

「キレイになって、もっと自分と自分の人生を好きになる」という決心を、自ら打ち消している場合ではありません。ホメオスタシスのツッコミは、無視か、「黙れ！」「去れ！」など、強い呪文で退散させましょう。

勇気を出して行動した自分を認めてあげることが大切です。途中でキレイになりたい本心を引っ込めても、心の中でくすぶり続け、また何年もあなたを苦しめます。この思いは、なかなか消えません。熟成させすぎると、巨大な怨念みたいになって、あなたを内側から蝕みます。早めに行動に移して昇華させましょう。「自分が快適な未来はどちらか」を思い描いてほしいものです。

多少の違和感や恥ずかしさは涼しい顔をしてぐっと耐えてください。慣れるしかありません。その先には「美しい自分を楽しむ快感」が待っています。

「キレイになったら妬まれて意地悪されるかも……」って？　妬まれてから悩んで。

20 モデルよりキレイになっても良い

なぜか「モデルさんほどキレイになるのは無理」と信じ込んでいる人がいます。確かに、彫刻のように造形の整った人も稀にいますが、モデルだって最初は普通の人です。私がド素人から育成したモデルたちも、最初はわりともっさりポッチャリ、センスも微妙で垢抜けない生徒さんが9割です。ほぼ全員、猫背、反り腰、自信なし、です。

信じられないかもしれませんが、最初から完成されたモデルなんて存在しません。

皆、講師や事務所マネージャーたちにダメ出しされつつ、先輩や仲間やカメラマンさん、ヘアメイクさんに相談しながら、雑誌を見たり、ビクビクしながらオシャレなブランド店で洋服を試着してみたり、オーディションごとにメイクや服装を変えてみたり……とひたすら試行錯誤をしながら磨かれていきます。モデルになる前後で違うのは、行動量と情報量、意識の書き換えられていくスピード。ただそれだけなのです。キレイは青天井。どんな人も、とびきり美しくなって良いのです。

実践

誰にも遠慮せず、自分の足で歩いていく

ウォーキングレッスンでは「歩きには性格が出る・その人の生き方を表している」と言っています。美しく芯のあるウォーキングをするには、一歩一歩を大事に、自分で責任を持って、自ら選んだ場所に足を置く、というような意識が大切です。

この意識がないとなんとなく惰性で歩いてしまう、自分のタイミングで歩き出して良いときでも、他の人が動き出してからでないと動けない、となります。ですので、レッスン中は何度も「自分の責任で歩き出して良いんだよ」「一歩ずつ自分が選んだところに足を置いていくんだよ」「横目で周りを窺わずにまっすぐ視線を安定させて歩くんだよ」と伝えて解きほぐしていくのです。

そうすると、歩き方だけでなく、普段の生活でも心身の軸が定まり、堂々と動けるようになります。ウォーキングも人生も、誰にも遠慮せず、自分の足で歩いていく、キレイになっていくって、超カッコイイし、超気持ちいい！

21 褒め言葉は積極的に受け取る

モデルは、仕事現場ではたくさんのスタッフさんに褒めていただけます。にもかかわらず、モデルの認識が誤っていたり、自信がなかったりすると「どうせ社交辞令」と勝手に思い込んで拗ねる場合があります。スタッフさんは、現場の雰囲気を良くして仕事の完成度を高めるために、良いところを積極的に伝えているのです。褒めているのはプロの仕事人としてのモデルであり、個人ではありません。ここを勘違いしてはいけません。

モデルは輝くことが仕事です。魅力全開で輝いて、商品の素晴らしさを伝えるために現場にいます。最高に輝きを放つために、褒め言葉を積極的に真に受けて、自分のテンションをさらに上げるのがプロなのです。これはある意味、どんな褒め言葉も全てポジティブに受け取り、自分のパワーにする訓練。自信を育て、自分の機嫌やパフォーマンスの責任は自分にあるという意識にもつながります。するとオーラはますます輝きを増してくるのです。褒め言葉には「ありがとうございます」と応えましょう。

実践

褒め言葉に対して謙遜しない

私のレッスンでは、あえて「謙遜禁止！」と言っています。「キレイね」「そのスカートとても似合ってる」など、講師や生徒さんから褒め言葉が出るシーンでは、必ず「ありがとうございます」と笑顔で返すのがルールなのです。

最初は「いえいえ全然！」と謙遜する人がほとんどです。日本では謙遜は美徳ですし、褒め言葉に謙遜で返すのが暗黙の掟です。しかし、謙遜しすぎて自分を貶し始める人も少なくありません。行きすぎた謙遜はせっかくの好感や善意をはたき落とすようなもの。相手の感性も、自分の自尊心も全否定することになります。

「笑顔でお礼」のハードルが高い場合は、微笑んで「恐れ入ります（でも嬉しいです！）」がおすすめ。奥ゆかしさが残りつつ、相手も自分も否定していません。

相手によっては「いえ、そんな……」と濁しておいたほうがいい人もいます。ただし、自分を貶めないことが大切です。

22 「自分は全然ダメ」から解放する

自分が嫌いな人、そして「嫌いでツライ」「本当は好きになりたい」という人、多いです。自分が嫌いな理由は「理想と程遠いから」「いろいろなところが足りていないから」、だから「自分は全然ダメ」というものが大半。

私自身もすごく身に覚えがあって、この呪縛で悶絶することもあります。しかし、そろそろ少しずつでも、自分を解放していかないと、自分が可哀想です。

私たちは、自分自身なら辛辣に痛めつけていい、と勘違いしがちです。自分を大切にすることは、わがままとは全く違います。大人になるほど、いろいろあるし、自分ではどうしようもないことにぶつかってめちゃくちゃツライ。せめて自分がちゃんと可愛がってケアしてあげないと、やっていけません。生きていたら、どうしてもツライことがやって来ますから、内側からもちゃんと可愛がって、心の体力をつけておかないとツラさ倍増です。

実践

自分の悪口を言わない・思わない

習慣的な自虐は潜在意識に深く蓄積されて、見えない重りとなって本人を潰します。反省は大事ですが、自分を殴り続けてはいけません。無意味な上に、悪循環を生むだけです。自分への虐待を止めるには「自分の悪口を言わない」ことが大切です。軽々しく「自分はダメ」と口にしたり、思ったりしないこと。うっかり悪口が出てしまったら「ごめんね、よく頑張ってるよね」と自分にきちんと謝って、悪口を修正してください。心の癖をほぐすには、毎回丁寧に向き合って、やり直すしかありません。

自分ではどうしようもなく苦しいと思うのなら、外に助けを求めましょう。無料でカウンセラーさんが話を聞いてくれるサービスもあります。無言のわかってちゃんは卒業。話しても直接的な解決にはなりませんが、こまめにガス抜きをしつつ、自分と向き合える状態まで、徐々に落ち着かせていくのです。

23 ひとつでもできたら100点、全部なら1000点

自分で決めた（完璧すぎる）計画を、思うように実行できずに自己嫌悪に襲われ、そして結局はやめてしまって、何もできず続かない……。生真面目でちょっと自信がないタイプの人に多いように思います。いわゆる完璧主義の罠に陥っている人です。

完璧主義とは、物事を完璧にやり遂げる能力と自信がある状態ではなく、失敗を極端に恐れる状態です。完璧に仕上げないと心配、気が済まない、失敗が怖くて行動できない、など自信のない状態ともいえます。人に嫌われるのを異常に怖がる、全てきちんと完璧にやるべき、と考えることなども含まれます。

この思考はネガティブな感情に振り回されやすくなるので、メンタルを病み、行動も抑制します。もしあなたが、変わりたいと思いながらも、ずっと堂々巡りで成長できないと感じているのなら、このせいかもしれません。

実践

できたことを数えて褒め称える

完璧主義に陥ってしまった原因を考えてみましょう。誰かの何気ない一言や、過去の失敗体験のせいかもしれません。原因がわかれば対策を考えられます。場合によっては、完璧主義的傾向を、良い方向に応用することもできるはずです。

美しさを磨くためには、スキンケアやストレッチなどは「毎日やる」ほうがいいに決まっていますが、いきなりは習慣づかないし、できない日もあります。全てが完璧にできる必要はありません。それでも効果は出るのです。

変化するには、過去の自分と比べて、わずかでも前進していれば良いのです。自分ができたこと、行動した事実を1つずつ確認しましょう。行動と挑戦を書き出して、自分の積み重ねた軌跡を確認することで、自信が生まれ、変化していけます。まずは一個でもできたら100点と、自分の行動を認める練習をしましょう。理想通りに動けたら奇跡の1000点!

24 準備が整うことなんて一生ない

何かにチャレンジするとき、真剣で大切に考えることほど、完璧に準備して取り組みたいと思うものです。完璧主義と、ホメオスタシスも強力に働きがちなので、思いが強いほど、直前でやめたくなったり、先送りしたくなったりすることがあります。

キレイになりたいというシンプルな思いに、複雑な準備は不要です。今すぐ行動を始めましょう。気になるレッスンに申し込んでもいいし、ストレッチ動画を検索して一種類だけでもやってみるのも上出来。

「もうちょっと準備ができたら・痩せたら・生活が落ち着いたら……」なんて言っている場合ではありません。準備が全て整うことなんて一生ありません。少しでも気になるのなら、あなたの本心がゴーサインを出している証拠です。美人を諦めるな。たった1つの行動を起こしたことそれ自体が「美人な私」の始まりなのです。

実践

「やってみた」のノリでトライする

「やるからにはちゃんとやる！」というのも素晴らしいのですが「条件が全て整うまで動きません」では一生無理です。準備不足の見切り発車でも、とりあえず軽やかに動き始めるほうが、案外スムーズに事が進んだりします。真面目に頑張ってきた人ほど、中途半端感が気持ち悪いかもしれませんが、変化したければ、それに慣れることも大切です。

「〇〇やってみた」くらいの軽いノリで行動してみましょう。「まあ話のネタとして一回経験しておくか」くらいに最初の一歩のハードルを下げてみてください。もし失敗しても経験になりますし、さっさと切り上げて別の方法にトライすればいいだけです。こちらのほうが、のびのび動けて結果に結びつく人が多いと感じています。悩み抜いて一気に完璧な理想を達成しようとするよりも、軽やかに素早く行動を始めて、一ミリでも過去の自分より進むことが、あなたの願いを現実にします。

25 完璧じゃなくても美人にはなれる

容姿、センス、仕事、プライベートとあらゆる面で自信を持てないと、「あれはダメ」「これはできていない」と嘆く人がいます。常に誰かと比べられたり、何でもできる子しか褒められない環境で育った人によくある傾向です。子ども時代の記憶が無意識のうちに心に深く刻み込まれていて、万能でなくては、と自分を縛っているのかもしれません。

人はそもそも不完全な存在。何もかも完璧なんてありえません。全方向に自信がある必要はないのです。

モデルはキレイで強気で自信たっぷりに見えますが、プライベートではわりと普通です。悩みもコンプレックスも抱えてもがいています。モデルを始めたのは自信をつけたいから、という人も多いです。完璧そうに見えるのは仕事だから。美や自信についてメッセージを発信するモデルが多いのは、外見に悩みを出すことが許されない生活の中で、日々学んで工夫しているからでしょう。みんな不完全なのです。

実践

1つ好転させれば、あとはドミノ

私たちの抱える複数の自信のなさは、実は1つの同じコンプレックスが原因だったりします。例えば、太っていることで自信がなく、仕事や対人関係で積極的になれず、収入も上がらず、やりたいことは制限されて、自分は人生丸ごとダメだ、何にも自信が持てない、と思い込むような状況です。

どこか1つでも状況が好転して、自信が芽生えれば、他の部分も自信や、前進しようという気持ちが湧いたりします。どこから手をつけても良いですが、根幹の原因に気づければ、そこに重点的に取り組むことで全体が底上げされる感覚が得られやすいでしょう。

先ほどの例だと「体型を変える取り組みを始める」「今の体型がダメという思い込みを捨て、この体型でオシャレでセンスの良い人を目指すと決める」と、どちらかやってみたいほうを選んで実践するのがベストです。ここを改善しないと「仕事ができるだけの、つまらない私」なんて言いだしかねないので、根っこにある部分と向き合うことが大切なのです。

26 行動が自信を連れてくる

誰かが自信をつけてくれることを期待しないほうが良さそうです。そもそも、いろいろとこじらせてしまっていたら、周りがいくら褒めてくれても、素直に受け取って自信にするなんて無理です。受け取る練習をしつつ、自分で自信をつける努力をしましょう。

自分で自信を育てていくには、やはり行動しかありません。現実と向き合って、自分はどうしたいのかな、どうなりたいのかな、と考えながら、自分で判断し、トライ&エラーを繰り返すこと以外では、変化は難しいのです。

失敗や損することを極端に恐れる風潮があります。「やってうまくいかなかったらどうするんですか」というアレです。うまくいかなければ、他の方法を試すだけです。自分の人生です、誰かに責任取らせようとしないでください。失敗したり、だんだん合わなくなってきたりしたら、いちいち落ち込まず「はい次～」と進んでいけば良いだけです。

実践

原因も正解も自分の内側から見つける

ダイエットも仕事術も、山ほど方法はありますが、本当にあなたにぴったりな方法は、あなたの頭と体にしかわからないのです。自分の判断で一歩を踏み出すこと、試行錯誤することが、あなたの経験と知識になり、自信を育みます。あなたが、今イケてない原因も、イケてる自分になるための答えも、あなたの中にしかありません。自分の外に正解はないのです。

いろいろ試したけど、全部うまくいかなくて……と落ち込むのは方法を選ぶときの「考え方」が間違っている可能性が高いです。ぜひ他人の意見を取り入れて、とりあえずやってみましょう。自己流、自分なりに頑張る、といってずっとダメだったのなら、その後も自己流でやっても効果は期待できません。新しい情報や刺激を取り入れることで、自分の中の新たな「正解を探す思考回路」を目覚めさせましょう。

27 毎年「この年齢の一年生」

モデルは、ほぼ100％見た目年齢で判断されます。実年齢がさほど重要視されない世界にいるせいか、年齢に興味がない人も多いようです。本当に年齢はただの数字。時を止めた魔女レベルの、若く美しいベテランモデルはたくさんいます。若作りではない、若々しくも洗練された大人の出で立ちが素敵です。

大人は歳を重ねるにつれて、大きな容姿の変化を経験します。毎年変化し続ける自分にどう対処していいのか戸惑うのは当然です。毎年「この年齢の一年生」。やるべきことや、自分との向き合い方を工夫しましょう。

その際に「もう歳だし～」はやめましょう。無意識のうちに、息をするように発してしまいがちなので、言わないように意識してください。勝手に老けていくこの呪文は封印です。ベテランモデルたちが美しいのは、この呪いを聞いたり、言ったりする機会が少ないのと、年齢で行動と容姿を制限する意識が薄いからでもあります。

実践

新たな美に挑戦を

まずは自分の現状把握から始めましょう。体についてはP.30の方法をやってみてください。

ファッションを磨きたいなら、普段の服装や自分の持っている洋服を全て写真に撮ると、傾向がわかります。プロに相談するのにも便利です。

このように現状把握ができれば、あとは変えたい部分を変える行動をするだけです。目をそらしたい事実もあるでしょう。しかし、ここから行動を少しずつでも変えていくことで、あなたは飛躍的に美しくなっていけます。

自分と対峙しながら、自分の上に新たな美を創造する挑戦を楽しんでください。毎年新たな自分の美を発見しましょう。自由に美しくなっていいのです。未経験の変化の波に、戸惑うことも多いでしょう。しかし、挑戦して波を乗りこなしていく、カッコイイ人を目指しませんか。その姿は、きっと周りにも良い影響を与えます。

28 具体的なイメージが未来に直結する

なりたい自分像のイメージがぼんやりあっても、具体的に説明できない人が多くいます。「今より全体的にイイ感じ」から一歩進んだ、具体的なイメージを手に入れましょう。自分のなりたい姿をはっきり思い描くことで、飛躍的な変化が始まります。

新人モデルたちに、打ち出したい好きなイメージで、プロフィール用写真の衣装やロケーションを考えるよう指示をすると、多くは「よくわからない」と大混乱してしまいます。ファッション誌が好きで今までたくさん見てきたにもかかわらずです。なぜ自分がそれを好きなのか、と分析したことがないので、とっさに思い浮かべることができないのです。そのことに気づくと、雑誌やテレビの見方が変わってきます。素人からモデルの視線に切り替わる瞬間です。

好きで心惹かれるものをさらっと流さず、どこが良いのかを考えて説明してみましょう。「映像」と「言葉」の両方を使うことで、自分の好みや目標がより具体的にイメージできるようになります。そうなれば、あとはそれに向かって行動するだけです。

実践 「目指す自分」がわからないなら、いくつか写真を集めてみて

自分がどんなふうになりたいのかわからない場合、「なんとなく良いな」と思う人物写真を何枚も集めましょう。いくつかの共通点から、自分の好みや理想が見えてきます。

次に「なぜこの写真が好きなのか」を考えて、思いつくままに書き出しましょう。自分の中にある、ふわっとしたイメージが、言語化することで認識できるようになります。例えば「可愛い」で終わるのではなく、どんなふうに魅力的なのか少し掘り下げてみることで、自分が求めているものや、大切にしていることが見えてきます。「親しみやすい笑顔が素敵」「ヘルシーなボディラインが憧れ」「シンプルな洋服を着こなしている」といった具合です。

最後に、象徴的な一枚を選んでスマホの待ち受け画面に設定するのもおすすめです。スマホを開くたび、あなたの脳はその写真からメッセージを受け取ります。美脚になる、いつも笑顔でいる、トレーニングをサボらないなど、その写真に設定されたイメージが繰り返し思い出されるので、目標とその達成のための行動を忘れにくくなります。

29 自分の身は自分で守ろう

怪我しない、風邪ひかない、病まない、がモデルの仕事といっても過言ではありません。人前に立つ華やかな部分は仕事の1割、残り9割は体型・体調管理です。ですから、日頃から自分（＝商品）の管理にはとても気を配ります。自分の身を自分で守る意識が強いので、コンディションを害するものに自ずと敏感になります。

日々一生懸命生きていると、つい仕事や家事・育児優先になって、自分をケアする余力がないこともしばしばです。しかし、無理をして動けなくなるくらい心身を疲れさせたり、痛めたりする前に、ケアをする習慣をつけたいもの。スペシャルケアが必要なほど疲弊する前に手を打って「良い状態」をいつも保つことを目指しましょう。スペシャルケア後の一瞬だけ良くても、すぐまた、どんより&イライラモード復活！　では、あなたの能力は活かされず、結局自分にも周りにも、良いとはいい難い状況のはず。自分に手間暇かけることに罪悪感を持たなくていいのです。

実践

不快に対して敏感になる

この場合の「不快」は、たとえば「もう耐えられないほど寒い！」ではなく「ちょっと肌寒いかも？」のレベルです。このレベルで不快を感じた瞬間に、それを回避し、不調を予防する心構えを持ってください。我慢できなくなってからコートを羽織るのではなく、夏でも冷房がちょっと強いと感じた瞬間に、カーディガンを羽織って体の冷えを【回避する】【対策】をすることが心身の健康と美容にとって必要です。

私のレッスンでは、「絶対無理はしないこと。自分の身が一番大事、自分の身は自分で守ろう」とお伝えします。レッスン中無理して頑張って、怪我をしたり体調が悪くなったりするのは、本末転倒です。まだツラくなくても「あ、ちょっとなんとなく嫌な【予感】」という段階で、ちゃんと休むようお伝えしています。これはレッスンの間だけでなく、生活全般に通じます。不快に敏感になって、先回り&こまめに心身をケアすることを習得してほしいと思います。

30 カッコつけずに頼る

誰の力も借りず、迷惑もかけずに目標達成する人はカッコ良く見えますし、最も心理的な負担が小さいように思えます。しかし、実際には目標の大小にかかわらず、少しの障害も負担もなく達成することはありません。

あるいは、どんなに窮地に追い込まれてもSOSを出せない人がいます。周りは助けたいと思っていても、その人が助けを求めない限り、悩みにすら気づきません。悩みの渦中にいると、この程度で、私的なことで頼るなんて申し訳ない、と思いがちです。しかし案外、人にとって人助けは喜びです。むしろ悩みの程度が小さいうちに頼って、お礼を伝えましょう。お願いごとが苦手な気持ちは、とてもよく分かりますが、あなたがもっとツライ状態になることなんて誰も望んでいません。カッコつけずに、まずは家族や友人でも行政の窓口でも、協力を求めましょう。行動したという事実があなたに自信をもたらします。

実践

「心身の健康を取り戻す」を第一に掲げて行動する

行動を起こす気力が全く湧かない、落ち着いて考えられない、不安感が強すぎるのであれば、そもそも心身が弱りすぎていて、行動のためのエネルギーが絶対的に不足していま す。まずは自分が輝くとか目標を達成するとか以前に、「心身の健康を取り戻す」を第一に掲げて行動してください。栄養・睡眠・運動を充実させ、経済面をはじめとする生活基盤の不安を取り除くなどです。

トラウマのせいで動けないのなら、カウンセリングなどを本気で検討し、とるべき行動や思考について勉強し実行しましょう。自力で解決できないのは恥ずかしいことではありません。最後の力を振り絞って、プロの前に身を投げ出して、自分を救ってください。環境のせいなら、転職・引越し・物や人間関係の断捨離などを本気で検討しましょう。特に人間関係や組織に問題がある場合、相手が変わることは期待できません。誰よりも何よりも優先すべきは、あなた自身です。

31 他人を許せるなら自分も許す

他人に気を遣い過ぎて、疲弊していませんか。場を収めるためには自分が我慢すればいい、などと状況を忖度しすぎて苦しいのなら、自分の行動を考え直す必要があります。この種のストレスは、他者への余計な不満を募らせ、自己評価を下げて自信を失わせるので、あなたの内面も外見もくすませます。

人目を気にしすぎて行動できないのも同じことです。他人や普段の自分と違うことをすると、周囲に何と言われるか心配すぎる、という人もこの訓練はやってみてください。

まず、自分の中にある「他人がやる分にはOKだけど、自分はダメ」という強い思い込みに気づきましょう。他人のイメチェンやミスには寛容なのに、自分のことになると異常に厳しくなってしまいませんか。他人の目線と入れ替われば、「自分」のこともあまり気にならなかったり、許せたりするかも、と気づけるはずです。客観的な視点で冷静に判断することを意識してみましょう。行動する勇気が、少しずつ大きくなります。

実践

最低限の自分の欲求を叶え続ける

さらにやってみてほしいのは、「本当に食べたいものを食べる」「トイレに行く」「寝る」です。生物としての根源的な欲求を、丁寧に感じ取ってすぐに行動に移してほしいのです。自分の欲するものを自覚し、それを実行、実現するという訓練です。そもそも、こんな小さなことでさえ叶えられないなら、大きな願いを叶えるのは難しくないですか?

職場では難しいこともあるかもしれませんが、できるタイミングを見計らって、実行してみてください。食後に紅茶が飲みたかったら同席の全員がコーヒーでも紅茶を注文する、トイレに行きたくなったら迷わず我慢せず席を立つ、眠たかったら仮眠を取るか、できるだけ早くベッドに入れるよう工夫する、という感じです。

小さいことすぎて、真剣に捉えにくいかもしれませんが、自分の感覚や行動と向き合う訓練には効果的なのです。最後に1つだけ。不健康な暴飲暴食は避けましょう。満腹の快楽を求める食べ方は、ストレスや悪習慣からの脳の誤作動のせいです。丁寧に味や食感に集中し、「身体的な」空腹を満たす意識をすることで、誤作動は少なくできます。

32 直感を利用できれば最強

美しくなるのに、知識や客観視は大切です。しかし、理屈抜きで「あ、何かいいかも」という心の動きに従って、素直に物事を選ぶことも大切です。

この直感的ひらめきは、あなたのオリジナル成功法則であることが多いのです。数十年の人生を通じて経験したことは、自覚はなくとも、脳にも体にも膨大に蓄積されています。それが一瞬で計算して導いた答えが直感です。

美容法や健康法、サポートしてもらうプロフェッショナルたちとの相性など、肌感覚、直感を信じてみるとわりとうまくいくことが多いです。頭を使うことも大切ですが、体や心の声を聞いて反応することも同じくらい大切です。

そもそも、今苦しいと思うのは、条件や損得勘定など思考ばかり優先したり、現実を見たり考えたりすることを放棄して感覚ばかりを優先したり、とバランスを欠いているから。直感を大切にできると理屈と本心の両方で納得して進めるでしょう。

実践

直感を取り戻す訓練

「快」「安心」「リラックス」を感じる状態を意識してつくります。副交感神経が優位になって、脳も体も緩んでいる状態です。入浴する、陽に当たってボーッとするなど、心身が安全で心地よい時間をとります。忙しい方は1分目を閉じて深呼吸だけでも。

孤独の時間を定期的に確保して、何もせず、自分と向き合うことも必要です。自分の中にある感情や願望を感じます。実は重要で面倒なことがあるときほど、何か作業をして、自分と向き合うのを避けようとしがちです。

挑戦を急にやめたくなったとき、単なるホメオスタシスの暴走なのか、直感からの警告なのか、多くの人が悩むところです。自分と向き合う癖がついていれば、より鋭く直感を受け取り、冷静に判断することができます。何か得体の知れない嫌な違和感がある。もしくは「これをやらないと私は価値がなくなる」などネガティブな由来で物事を進めようとしているときは直感からの警報が届くことが多いのです。

33 私を苦しめるために起きているわけではない

目の前に起きる困難や苦しみは、あなたを「苦しめるために」起きているのではありません。「目の前に起きた出来事」と「苦しいと反応したあなた」がいるのです。

仕事、家族、お金、体調、コンプレックスなど、うまくいかず、苦しさに溺れそうになることがあります。しかもツラいことは重なったり続いたりして、世界という強大な敵から、自分だけが集中攻撃されているように感じて、精神的にも肉体的にも限界、ということもあります。感情も暴走し、さらに追い込まれていきます。

そんなときに、「出来事」と「自分の感情」を分けて考えることが、役に立ちます。自分だけが苦しい、ずっとこのままかもしれない、と思い込んでしまいがちですが、実はそうではありません。条件反射的に発動してしまう自分の感情に気づいて、冷静に「自分が反応しているもの」に1つずつ対処することを続けるうちに、心の体力がアップしてきます。いきなりは難しいので心に留めておくだけでも大丈夫です。

実践

本当は何がツラいのか？　感情と対峙する

まずはツラいことを紙に書き出してください。それを「事実」と「感情」に分けます。さらに自分の感情が事実のどんな部分に反応しているのかを考えます。

何がどうツラいのか？　なぜツラいのか？　と詳しく探るのです。自分を責めないこともポイントです。責めると思考が止まり、解決には至りません。できるだけフラットに、自分の感情を観察します。出来事よりも、トラウマやコンプレックスが刺激されてツラいのかもしれません。妄想の暴走で何倍もツラくなっていたり、恐怖に囚われて解決のための行動を放棄していたり、ちょっとズレたアプローチをしていたことに気づいたりすることもあるでしょう。自分がとるべき行動が見えてくるはずです。

ひたすらイライラや悲しみが止まらないとき、ホルモンバランスが崩れている可能性もあります。内科、婦人科、心療内科などを受診しましょう。心の中のもやもやを吐き出すことも忘れずに。解決しなくてもガス抜きが大切なのです。

34 ドリームキラーは敵じゃない

あなたが夢や目標の達成に向けて頑張ろうとするとき、ひどい言葉や行動で、邪魔をしてくる存在をドリームキラーと呼びます。「お前には無理。できるわけがない」など、あなたの自己評価を下げるような言葉を浴びせたり、行動を妨害したりします。

あなたを貶めようと意地悪をする、悪意あるドリームキラーもいます。この人からは即座に逃げてください。しかし多くは、親や親友のように、愛ゆえに本気で心配して、あなたを守るために、必死で夢を壊しにくる無意識ドリームキラーです。

このパターンは、強烈にホメオスタシスが働いているだけです。本質的な敵ではなく、愛情ゆえに本能が暴走している人ともいえます。

一番理解してほしかったり、応援してほしかったりする人たちなので、無意識ドリームキラーの言動からは、すごくダメージを受けますが、ホメオスタシスのせいと知っておくだけでも、あなたの支えになるはずです。「今は」少々考え方が合わなくなっているだけなので、感謝しつつ、できるだけ距離を置きましょう。

実践

今だけ少し距離を置く

悪意あるドリームキラーは、いい人ぶって近づいてきたりするので、注意しましょう。このタイプには問答無用で物理的・精神的に距離を置くほうが良いでしょう。

無意識ドリームキラーには、丁寧に説得する方法もありますが、「自分を否定された!」と相手がさらに激昂する場合もあるので無理に理解してもらおうとしない態度も必要です。

今だけ少し距離を置きましょう。物理的に距離を置くのが早いのですが、難しければ、その人の前では夢や目標を話題に出さず、裏で淡々と行動を進めましょう。あなたが、コツコツ行動を積み重ねて自信を増すことで、自己肯定感も高くなって、ドリームキラーのことも気にならなくなります。実績が出たり、時間が経ったりすると意外と慣れて、誰も何も言わなくなり、理解してくれたりします。成功し始めると、最初からの理解者みたいな顔をしてくることもありますが、そんなものです。

35 話が合わなくなるのは変化をした証

自分が変化を始めたら、今までいた環境や友達、パートナーと話も価値観も合わなくなってくるのは、よくあることです。一緒にいても前ほど楽しくないし、ツラいのです。それがツラくて泣いてしまう生徒さんは、今まで本当にたくさん見てきましたが、いつも「それはあなたが確実に成長と変化を始めた証拠」と伝えています。

いつも一緒にいて、いろいろな気持ちも経験も分かち合ってきた人なのに、今まで通りに付き合えなくてツラい気持ちはわかります。大好きな友達といて楽しくないと思うなんて、と罪悪感さえ抱いたりします。その心の痛みは成長の証です。変化には痛みを伴うこともあります。

一生変わらないものはありません。長い付き合いでも互いに成長し、関係は緩やかに変化しているのです。今は距離を置くことになっても、タイミングが合えば、また笑って過ごせる時期がくるかもしれません。堂々と進んで自分の人生を生きましょう。

実践

自分自身も変化に慣れる

環境や人間関係は、居心地が良ければ良いほど、失ったら次がないと感じますが、それを保つ代わりに、自分が本当に求めるものを犠牲にして良いのか、冷静に判断しましょう。今ある全てをもったまま自分だけが変化する、ということはできません。自分を含め、いろいろなものが変化することを知っていると、自分のホメオスタシスの暴走に対処できます。変化を受け入れて進んでください。

あなたが美しくなると、どうしても周りには伝わってしまいます。褒められて丁寧に扱われることが増える一方、訳のわからない悪意をぶつけられることもあります。嫉妬や、劣等感によるものです。それが自分にとって必要なコミュニティの中で起きて、距離を取れない場合は、悪意に負けて元に戻るのではなく、美人度を変えて対応しましょう。美人度100％の自分を貫くという強気クールな方法もありますが、自分の生きやすいように、TPOに応じて演じ分けるという方法もあります。

36 完全なる自己満足でも、それでいい

ヘアメイクでも、ボディメイクでも、良い変化がちょっとでも出ると嬉しいですよね。自分の気分が上がって、気持ちに余裕が出て、1日機嫌よく過ごせる感じ。

自分の美しさを磨くことや、仕事と直接関係ないことで頑張ることに対して、「何目指してるの」「それって意味あるの」「あんまり変化がわからない」というツッコミを入れてくる人がいます。その意見は本当にどうでもいいので気にしなくて良いです。その人は、あなたの人生には一ミリも責任を持たないし、自分を磨くという、この部分においては、全く価値観が違うので、お互いに離れていたほうが幸せです。

人生は自分が楽しむためにあります。「自分が満足」が大事なのです。自分の機嫌がいいこと、心地良いこと、テンションが少しでも上向きになる瞬間が多いことが「私の人生において、超重要」です。せっかく、それを自分の努力で手に入れているのです。誰にも邪魔させないでください。「上機嫌でいることを選ぶ」と自分に宣言しましょう。

実践

わかり合えない人には「趣味です」と言い切る

みんながわかり合える、というのは難しいことです。話しても全くわかり合えないね、という人もたくさんいます。「何目指してるの」系のツッコミを入れてくる人とは、「この部分に関しては」価値観が全く異なるため、わかり合えません。笑顔で「趣味です！」と言い切って、会話を切り上げるか、話題を変えましょう。

人は、年代や環境や価値観が違うと、全く別の世界に生きているようなものなのです。全面的に意見や考えが合致する、というのは無理です。あなたが「へー、全然意味わかんない」と思うような趣味の人もいます。「この部分では」わかり合えないのね、とそっとしておく、割り切る、というのも大切です。それは、お互いの価値観を尊重するということでもあります。変に落ち込む必要はありません。

家族やパートナーであっても、全部理解し合うことなんて難しいので、そこに絶望しなくて大丈夫です。つながれる部分で仲良くしたり協力したりしましょう。

37 美人という「設定」で生きる

美人という「設定」で生きてみましょう。モデルの私も、そうやっています。世界一の美人とは思いませんが、超絶美形だらけの業界で、それでもモデルをしたいので「私は美人」と思わないとやっていられません。結果的には、これは人生においてプラスだったと思っています。

人間は自分自身をどう設定するかで、行動や所作、顔つきまで変化します。自分の脳内キャラ設定が、肉体スクリーンに投影され、現実がつくられるイメージです。新人モデルは「私はモデル」と思い、それっぽく振る舞うことで、徐々にモデルになっていくのです。

自分の設定は、意識することで変えられます。キャラ設定は、後天的な要素の影響も多分にあります。子どもには、周囲の大人や環境による初期設定を変えるのは難しいことです。しかし大人は自分で設定をつくりかえ、環境も変えることができます。仮に住む場所は動かせなくても、洋服やコスメ、読む本など、自分を取り巻くものは変えられるのです。

実践

雰囲気美人を浸透させる

美人といっても様々です。自分なりの美人像をイメージして設定してください。そして「美人なら、どうするかな」と考えて行動する瞬間が増えるほど、あなたは美しく変化します。誰に言う必要もないので「今日だけ美人ごっこ」をしてみましょう。きっと、いろいろなことを意識して疲れると思いますが、経験してみて気づくことも多いはずです。生活全てを一気に美人仕様にするととても疲れるので、姿勢だけ、通勤時だけ、と要素や時間で区切って、楽しんで挑戦してみましょう。

続けていれば、そのうち自分も周囲の人も慣れてきます。最初は違和感があって当然。しかし、ぎこちなくても、丁寧で美しくあろうという努力は、周りの目には好もしく映ります。美人設定を続けると、少しずつ雰囲気も変わりますし、周りにも伝わります。正直、顔は好みの問題なので評価は様々ですが、「なんか素敵な人だね」というように、全体的な好感度は上がります。これが「雰囲気美人」です。

38 「恥ずかしい」よりも優先すべき「責任」

プレゼンなどで人前に立って注目を浴びることや、美しくなるために努力しているのを誰かに知られることが（想像するだけでも）恥ずかしくて、行動をやめてしまうことがあります。自信がない人、自己肯定感の低い人は、やる気があっても体がすくんで行動できなくなりがちです。新人モデルにも多いです。レッスン仲間しかいない場でさえ、恥ずかしさが勝って堂々とウォーキングできないし、正面の鏡を見ることもできないのです。

こんなときにモデルたちにかける言葉があります。

「モデルが恥ずかしがるのは自己中心的です。恥ずかしいのは、自分のことしか考えていない証拠。モデルの仕事は、衣装やヘアメイクを美しく観客へ見せること。デザイナーが命がけでつくったものを託されたのに、自分個人の見られ方を心配するなんてナンセンス！　自分の衣装を最高に美しく魅せることに集中しなさい」

行動の本来の意味や責任を意識すれば、恥ずかしいとは言っていられません。たとえ未熟でも、仕事や自分自身に対して、今あるものを出し切る姿勢を示すことが大切です。

実践

「他人のための頑張り」と設定し直す

先ほどの言葉をかけられた新人モデルは、急に引き締まった顔になって、未熟ながらもしっかりとした雰囲気をまとって歩くようになります。これは「自分の責任を果たそう」という気持ちからでもありますが、最大要因は「デザイナーさんやお客さんのために頑張ろう」という意識が芽生えたおかげです。

人間、自分のためだけに頑張れる人もいますが、「誰かが喜んでくれるなら」と考えるほうが頑張れたり、継続できたりする人が多いようです。「自分がこれをすることで、他人にこんなふうに貢献できるな（できるといいな）」と考えることで、心が落ち着いて、行動に集中できるようになるのです。「自分がこのプレゼンを頑張って、会社に利益をもたらして、皆を喜ばせよう」「もっとキレイになって私の心が軽やかになったら、家族や友達が喜んでくれる。笑顔が増えて、いい影響をたくさん与えられる」というように、前向きな気持ちで目標を考えて行動してみましょう。

39 美人という責任と自覚を持つ

美しい人の責任とは、「美しくあること」「それをきちんと表に出すこと」とレッスンでお伝えしています。美しい人や物、風景などを見ると、それだけで幸せな気持ちになりませんか？　美しさとは、それ自体が癒しであったり、平和であったり、インスピレーションの源であったりします。美しさは、周囲へ好ましい影響を与えます。

美しさをまとう人は、自分の持つ美しさを、卑屈な態度で隠したり歪めたりするのではなく、凛として示します。着飾ってひけらかすのではありません。自身の良さも欠点も含めた、自分という美しい存在を磨いて、その姿で世界に存在するという覚悟をしているのです。それが「きちんと表に出すこと」です。

まずは自分で美しいと認めることが第一歩です。自分の持っているものが、好みと違うから嫌というのは、美の定義が狭すぎます。美は多様です。「これもアリかもね」と認めてみましょう。美しいものは、あなたの中にも、世界にもあふれています。

実践

ありのまま美人は「日本庭園」

モデルたちには「美しくあるためには、ありのままではダメ」と伝えています。「人に伝わる美しさ」や「自分のテンションが上がる私」は磨かなくては手に入りません。「私たちが目指すナチュラルな美しさは、雑木林（放置林）ではなく日本庭園！」と何度も伝えました。

ナチュラルな美しさとは、何もしていない放置状態を意味するのではありません。何もしていないけどキレイです、もともと美人なんです、というあの美しさの正体は「日本庭園」です。あたかも自然そのもののようでありながら、実は綿密にバランスが計算され、日々手入れされ磨き上げられたことで、強い美しさと、独特の佇まいを有する日本庭園は、ナチュラル美人のお手本です。

あなたの中には、どのような美の要素があるのか。それを最大限に生かすメイクやファッション、言葉遣いや心映えを日々少しずつ磨きましょう。完璧な完成を目指すのではなく、覚悟を持ってあなたの庭園をつくり続けるだけです。

40 そういえば私、キレイだったわ

本書を読みながら「私も昔はまあまあイケてたのになあ」と思い出している方もいることでしょう。私のレッスンを通じて「私、結構カッコ良かったよな、強気に発言もしてたし」「笑顔が可愛かったわよね」「若い頃は、好きなファッションでオシャレな街で遊んでたっけ」と思い出す人は多いです。

特に大人の女性へ。あなたの美しさは失われたのではないのです。仕事や育児と一生懸命生きてきた中で、誰かのために、自分のために、ちょっと封印していただけ、そして、それを忘れてしまっていただけです。

実は、キレイになるって、外から何か新しいものを持ってきてくっつけることではありません。すでにそこに存在するものを、引き出し、磨き、強化していくことなのです。正解も材料も、全てあなたの中にあります。

実践

ええ女だったことを思い出して

私はレッスンでは「いい女」よりも「ええ女」という単語をよく使います。個人的なイメージですが、他人に評価されている感じよりも、腹の底から自分が美しくあることの自覚やパワーが湧き出ている感じがするから、かもしれません。ややインパクトが強いので、生徒さんたちの耳に残りやすいのも利点です。ちょっとでも意識に引っかかってナンボ。ふと思い出すたびに「ええ女」に向かうためのトリガーとなって、後でじわじわ効いてきます。

ええ女だったことを思い出すと、自分のチャームポイントや、次に目指したい自分像を明確にしやすくなります。「思い出して」と自分に問いかけてみましょう。もしツラい記憶に触れて苦しくなってしまうようなら、無理はしなくて構いません。あくまで、方法の1つですので、気軽にやってみてください。

41 あなたも私も美しい

レッスン終わりに「今日も美しかったわ、我々」とか、「先生素敵！」と褒めていただいたときに「ありがとう、美しいわよね、我々！」と言うことがよくあります。「あなたこそ、素敵」と返すと謙遜で否定されてしまうので、それを封じたくて「褒めていただいた私」も含めて「あなたも美しい」というメッセージを伝えるのです。「素敵」と伝えてくださった心映えも、レッスンに参加した意識の高さも、外見も、全て含めて、あなただって美しい、といつも思っています。そう、我々は美しい！　美しさは多様です。それは比較から生まれ出るものではなく、ユニークな美が無数に存在するのです。

せめてレッスンでお会いする方には、自分の美しさに気づいてほしくて、もっと自覚と自信を持ってほしくて、積極的に「我々は美しい」のメッセージをお届けしています。褒めていただいたら、「私もあなたも、まるっと含めて美しい！」と両方を褒め称えます。狭い美のパターンから解放され、自分の美をストンと腑に落とせる世界を広げています。

実践

仲間と一緒に認め合う

ヨガでもモデルウォーキングでも、レッスンに参加する利点は、仲間ができることです。身近にはいなくても、レッスンに行けば、同じ価値観や、似た考え方をもった仲間がいて、思いを共有することができます。

モデルも一般の生徒さんも「レッスンに来て、人生で初めて同じ視点で目標や悩みを話せる人に会えた」と喜ぶ人がたくさんいます。うちのスクールは生徒さんも講師も、誰かが「○○してみたい」と言うと「いいね、やっちゃえ」とか「もっとやれ」と応じる人ばかりで、驚かれることもしばしばです。否定されたり邪魔されたりしない安心感と信頼感で、互いを認め、褒め合う環境になっています。

べったりと依存したり、無理に同調したりもしないけれど、同じ視線で話せる関係性は、挑戦や成長に良い影響があります。仲間は大勢である必要はありません。一人でも仲間や同志を見つけて、互いに、美も頑張りも認め、称え合いましょう。

42 今日は「私」休業！　もう休もう!!

人はつい「他人が期待する私」と「自分が期待する私」を一生懸命演じてしまいます。決して悪いことではないのですが、過剰になると心身ともに擦り切れるまで動き続け、疲れ切ってしまいます。自分の心も目標も見失って壊れる前に、休みましょう。

もう充分頑張っています。毎日毎日、もがいて頑張っています。強い責任感や情熱を持てる人ほど、常に限界までフル稼働するのが当たり前になっています。心を熱く燃やせる人は、うっかり自分の身をも焼き尽くしてしまいがちです。

なーんにもやりたくない！　もう頑張れない！　そんなにいっつも頑張れない！　と言ってもいいんです。それが当然。思い切って休みましょう。立ち止まること、休むことに恐怖や罪悪感が湧いても、無視！　今日は「私」休業。休みったら休みです。

無茶な頑張りも、今はもう不要になった自分への古い期待も手放して、次へ行きましょう、次。今までよく頑張りました。

実践

そういうこともある！　大丈夫!!

ただひたすら休みます。成長とかキレイとか何にも考えず、ひたすら息をするだけでOK。昼間は日光を浴びて、夜は寝る。心配事や考え事が頭から離れないなら、ひたすら歩く、手芸や料理などの手作業をするなどがおすすめです。「無」になれるので、瞑想しているのと似た状態になり、頭と心が不思議とすっきりします。疲れ切っているときに、頭なんてまともに働いていません。頑張っても、余計に負のループにハマるだけです。頑張りすぎた心身を、一旦ほぐしてから、また動き出しましょう。

ここは戦略的撤退です。動くために休むのです。ときには、他人に迷惑をかけても休まないといけないことがあります。そういうこともある！　大丈夫！　あなたの勇気ある休息は、周りの追い詰められた誰かを救うことだってあるのです。立ち止まることで、私たちは活力を取り戻せます。これからは、休むことも仕事のうちに組み込んで計画できれば最強です。

Model mind

Chapter 3

✳

美をまとう

43 表情と書いて「かお」と読む

ウォーキングレッスン中、よく「表情《かお》！」と注意します。表情も、全体の印象を決める重要な要素。モデルは、ステージ上では最後の最後まで、ショーの世界観にふさわしい表情をキープします。しかし、この表情をつくるのも、キープし続けるのも、意外と難しいもの。

自分の表情を自分で意識している人は少ないです。仕事中は意識しているという人もいますが、ほとんどは、驚くほど無防備で無愛想な表情です。コミュニケーションにおいて、表情は超重要なポイント。表情は何よりも雄弁にあなたを表現し印象付けます。

「笑っているつもり」「怒っているつもりはないのに怖いと言われる」という人は気持ちと表情筋が全然連動していないのです。自分の気持ちが相手に伝わらないばかりか、印象を悪くし、場の空気を無自覚に重くしてしまう表情癖がある人もいます。自分の表情が、他人からどう見えるか、という視点を持つことで、あなたの印象も評価も、コミュニケーションの質も、全く変わってきます。そこを知るところから始めましょう。

実践

表情を自覚する・「表情が蛍」はNG

パソコンやテレビの横に鏡を置くか、周りの人に不意打ちで写真や動画を撮ってもらいましょう。自分は知らないけれど皆がよく知っている、自分の驚きの姿が見られます。多いのは、真顔や眉間にシワを寄せているパターン。怖い印象や老けた印象を与えます。無表情で口が半開きという人も結構います。猫背の人に多いので姿勢だけでも気をつけて、だらしない印象にならないようにしたいものです。鼻呼吸の癖づけや、鼻の治療で口呼吸が改善できれば、それに越したことはありません。

ニュートラルな状態でも、やや口角が上がった「機嫌の良い」表情を目指しましょう。その表情や気分は周囲にも伝染しますし、話しかけやすい雰囲気で、人もチャンスも引き寄せます。表情をキープする意識も持つと、さらに印象が良くなります。顔を合わせて話している瞬間は笑顔なのに、視線を外した途端に表情が消える人がいます。表情が蛍のように点滅すると、裏表がある怖い人に見え、笑顔が嘘に感じられます。せっかくの笑顔が裏目に出ないように、笑顔は強弱はあってもキープすることです。

44 笑顔は人へ届けるもの

新人の頃、カメラマンさんから「自分が思っている5～10倍くらい笑ってようやく、人に伝わる笑顔になる」と教わりました。ちょっと楽しい気持ちになったくらいでは、表情は変わらないのです。表情筋が衰えていたり、感情を表情に出し慣れていなかったりすると、なおさらです。

多くの人は、感情が動けば、表情も同じくらい動くと思っていますが違います。しかも恐ろしいことに、人はネガティブな表情ほど簡単に表に出しやすく、筋力低下や加齢によっても、自然と暗めの怖い顔になっていきます。明るいポジティブな表情は、日頃の意識と鍛錬によって表に出せるようになるものなのです。

表情には、出来事や感情への反応という受動的な側面だけでなく、自らつくり出して気持ちを表現したり、コミュニケーションツールとして使用したりする能動的な側面もあります。笑顔は、特に後者での使用頻度が高い表情です。今日から鍛錬を始めましょう。知識・表情筋強化・数をこなして慣れること、が必要です。

実践

笑顔＝人が笑っているとわかるレベルの笑顔

表現やコミュニケーションのための笑顔とは、「人が見て、笑っているとわかるレベルの笑顔」です。初対面の人にも、きちんと伝わることが大事です。遠慮せず笑いましょう。まずは「自分が思っている5～10倍の笑顔」を出すと覚悟を決めて、しっかり顔の筋肉を動かす意識を持ちましょう。口元だけ笑おうとすると、不自然で引きつる上に、内心はネガティブな感情があるような印象になってしまいます。目が笑っていない、というアレです。

表情をつくるときに、顔だけ動かそうとしても、難しいものがあります。そこで、①リラックスして大きく呼吸をしながら②自分のテンションごと上げて、③表情筋を動かす、ということを意識してみてください。表情は内面のテンションと連動しているので、いつもより少し気持ちを盛り上げて、表情筋をより大きく動かしやすくします。息が止まると人間は、目が死んだ状態になるので、呼吸は大切です。特に息を吐くことを忘れないこと。深呼吸しながら笑顔を作ってみるとやりやすいはずです。

45 笑顔に理由はいらない

「楽しくもないのに笑えない」「理由もないのにヘラヘラ笑うなんて馬鹿みたい」

恥ずかしながら、過去の私のセリフです。かつて私は、コンプレックスのせいで笑顔が超絶苦手で、写真を撮られるのが大嫌いでした。

しかし、笑顔は軽薄なものではありません。ヘラヘラ見えるのは自分の中身の問題です。

笑顔にはいろいろな種類があります。まずは口角を上げる時間を少しでも増やしましょう。

不機嫌な表情は周りの空気を淀ませてしまいます。自分の機嫌は自分でとり、自分のテンションは自分で上げるのが社会人としての大人のマナーです。そのために気持ちを整える必要があります。

常に楽しい状況ではないかもしれません。でも自分が笑顔でいることで、周りにいい影響を与えるということを、心に留めておいてください。

実践

自信とか関係ない、自分のためにも笑え

新人モデルにできるのは、挨拶と笑顔くらいです。キャリアも技術もずっと上の先輩モデルと同じオーディションに臨むこともある世界。スキルが急に上がることはありません。だったら、せめて笑え、気合を入れて自分のためにも笑え、といつも伝えています。笑顔は今すぐにできることです。皆そこからスタートです。例えぎこちなくても、震えていようとも、笑顔にはあなたの意思と覚悟を伝える力があります。

モデルでなくても、私たちはあらゆるシーンで挑んだり、耐えたりしなくてはならないことにぶち当たります。仕事でもプライベートでも、挑戦や変化を求めるときは、誰もが自信がなくて、逃げ出したいもの。しかし、ここで引けないというときほど、姿勢を正して気合を入れて、笑顔をつくってください。それは偽りの演技ではなく、自分自身にも、相手にも、覚悟を示す真摯な姿勢です。

自信を持って自然に笑えるようになる日がきます。それまで、自分を奮い立たせて笑ってください。辛さを誤魔化すためでなく、自分を励まし支える笑顔もあります。

46 笑顔は責任

モデルはお金をもらえるレベルの笑顔を全身全霊で繰り出しています。

しかも、一瞬だけとか、誰かに笑わせてもらって、という笑顔ではありません。自分でテンションを上げて、長時間表情と雰囲気をキープし、シーンに合わせて笑顔のレベルを変えて、商品やサービスを引き立たせているのです。多くの人の努力や時間や予算や夢がのったものを、最後に託されるのがモデルの仕事。命がけで笑っています。笑顔は、モデルの責任なのです。

笑顔に苦手意識のある方、笑顔を含む表情全般にあまり意味を感じていない方、笑顔の持久力がないタイプの方は人生で損をしがちだと思います。

顔の造作にかかわらず、表情は大事です。自分が正当に評価されるためにも、周囲の人と良い関係を築くためにも、表情について意識することは、人生をスムーズに進めることにつながります。ウォーキング指導中に、「ウォーキングよりぶっちゃけ表情《かお》だよ！」と叫ぶこともよくあります。

実践

笑顔のレベルまずは3段階

スマホ自撮りが表情の練習に便利でしょう。実際にやってみると、自分の表情筋が思いの外動かないことや、口角の上がり方に左右差があることなどがわかります。その際に加工設定はせずに、そのままの自分を撮りながら練習をしてみましょう。

いつも同じ1種類の笑顔だと、ちょっと不気味な印象になってしまいます。3種類くらい笑顔を習得しておくと、いろいろなシーンに対応しやすくなります。

【レベル1】微笑み。歯を見せず、口角をしっかり引き上げた笑顔。目をややアーチ状に細めると柔らかい印象に。口角が上がらない人は、顔の筋力不足。最初は手でサポート。

【レベル2】笑顔。上前歯の下半分くらいが見えた笑顔。下の歯を見せると老け顔に見えがちなため、下の歯は見せない。目をしっかり開きやすい笑顔で、汎用性高め。

【レベル3】大きな笑顔。上の前歯が全て見える。前歯の両サイドに、やや空洞ができるくらい、しっかりと頬が上がっているのが魅力度最強レベル。写真映えも良し。歯茎と下の歯は見せない。目はやや細くなるくらいが自然。

47 頬骨の高さがテンションの高さ、若さの象徴

笑顔は、正面の人にしか伝わらないと思っていませんか？　実は横、斜め後ろの人にも笑顔の伝わるポイントがあります。それが、笑っているときの頬骨の高さです。

笑顔は、口角だけ引き上げようとしても、うまくつくれません。頬骨ごと、口角を両サイドのこめかみあたりまで引き上げる感じで笑ってください。頬骨で口角を持ち上げるイメージです。このとき、頬骨がグッと盛り上がることで、目も自然なアーチ状になります。モデルや芸能人のような、目を大きく見開いたままの笑顔というのは、実はちょっと特殊な笑顔なので、日常生活では、やはり少し目が細くなるほうが自然です。

頬骨が高くなることで、顔全体がグッとリフトアップし、若々しい印象になります。頬骨が盛り上がると、横や斜め後ろの人にも「あ、あの人笑顔なんだな」と伝わります。頬骨の高さが、テンションの高さと若さの表れです。笑顔をつくるのがどうしても恥ずかしいなら、顔のリフトアップのためと割り切って。一般の方向けレッスンでは「笑顔はリフトアップの運動」とお伝えした瞬間、皆さん笑えるようになります。

実践

顔の下半身全部で笑う

頬骨も上げるのに慣れるまでは手で頬をサポートして「目指す笑顔」を顔の筋肉にも、脳にも覚え込ませましょう。最初のうちは、顔の筋肉がだるくなります。それくらい、笑顔は筋肉を使います。口、頬、目の下など、顔の下半身全部を使って、初めて自然な笑顔になります。笑う表情筋を育てましょう！　それには繰り返し練習が不可欠です。

笑顔が苦手、コンプレックスという人は多いです。しかし、堂々と笑顔がつくれるようになると、本当に人生が変わるので、真面目に取り組む価値は大いにあります。笑顔をつくるヒントを他にもお伝えしておきます。

【歯列矯正・ホワイトニングをする】口元にコンプレックスがある人は、ぜひ挑戦を。

【見慣れる】自分の笑顔を見慣れず、違和感があって変、と思う人が多い。勇気を出して、鏡の前で練習を。見慣れてきて笑顔も上達して、自分の表情を受け入れやすくなる。

【そんなに見られていない と開き直る】人に変だと思われたら、と心配しているのはほぼ自意識過剰の被害妄想。人って他人にそんなに興味ないし、意地悪でもない。大丈夫！

48 真剣な顔＝怖い顔ではない

口を真一文字に結んで、険しい顔をしているだけが真剣さを表す顔と思っている人、集中しすぎると眉間に深いシワが寄って超怖い顔になる癖のある人、要注意です。場合によっては、それが有効なこともありますが、実はあなたにも周囲にも、あまりいい影響はありません。真剣さや真面目さを伝えるつもりだったのに、「余裕がないのね」「嫌がっているのかな」「一緒に仕事したくないのかな」と逆の意味で捉えられてしまうことも。

他には、誰かから注意や指導をされる際に「泣きそうな顔」で聞く人もいますよね。「そうですよね！　ごめんなさい～反省してます！」という意思表示ですが、やりすぎると「ものすごく自信がない人」とか「過剰に謝る卑屈な人」に見えてしまいます。指導する側が「なんか私がいじめているみたいに見えて嫌だな」という気持ちにもなります。

自分の表情の癖を知るって意外と重要です。成長や環境の変化によって、ふさわしい表情や振る舞いは変わります。前の職場ではこう振る舞うべきだったけれど、今は不適切、なんてこともあります。表情の癖について家族や友人、職場の人に聞いてみましょう。

実践

自分の表情の癖を知る

ちなみに私も、集中すると全く無意識に眉間にシワが寄って、超怖い顔になるので、注意しています。印象もよくないし、眉間のシワがいよいよ気になってきたので。ある意味、モデルレッスンのときはキャラ作りの部分もありましたが、今は、世相的に合わないのでマイルドめにマイナーチェンジしています。

表情は、親兄弟や、いつも一緒にいる人と似ています。彼らを観察してみても面白い発見があるはずです。どんなときに、良い表情、改善したほうが良さそうな表情をしているのかを知りましょう。大抵、嫌だなと思う表情が似ていたりするので、反面教師として活かしていくのが良さそうです。改善ポイントが見つかったら、実際に、どんな表情に置き換えたらいいのか、決めておきましょう。集中して怖い顔になりそうなときは、一度眉間のシワを伸ばして口角を上げる、などと決めておくと意識しやすくなります。表情も姿勢と同じ、体の癖の一種なので、実は姿勢ごと立て直すと、表情も改めやすくなります。「またあの表情しちゃってる」と思ったら、一度深呼吸をして姿勢と表情を整えましょう。

49 魅力＝目の大きさではない・眼差しを操れ

目の魅力には「眼差し」も深く関わっています。周囲や相手に「どのような視線」を投げかけるかを意識するだけで、自らまとう雰囲気を変えることができるのです。

視線の種類は「ビーム」と「ミスト」。「ビーム」は直線的で強い意志を感じさせる視線です。目からレーザービームがまっすぐ飛んでいくイメージで相手を見ると、強く訴えることができます。遠くまで視線を飛ばしやすいので、広い場所で意見を発表するような場面に便利です。「ミスト」は霧のように全体を包み込む、柔らかい視線です。一点集中というより、視界に入っているものを全て意識するように広く見ると、ふんわりとした優しい雰囲気になります。一対一でも、相手の目を見つめるのではなく、全身をふわっと見る感じです。

表情や眼差しは、無意識のうちに感情を表しますが、意識してコントロールすることで、自分のまとう雰囲気や、相手への訴え方を調節することができます。スムーズなコミュニケーションのためにも、魅力アップのためにもぜひ活用してみてください。

実践

視線の「温度」と「硬さ」

視線の「温度」と「硬さ」は尊敬する演出家さんから教わって以来、私自身も意識しています。熱い視線・冷たい視線というように「温度」によって視線に乗る感情が変わってきます。鋭い視線・柔らかい眼差しなど「硬さ」によって相手への届き方が変わりそうです。視線も意識的に使うことで、自分自身の感情やテンションを確認したり、コントロールしたりすることも可能になります。常に意識するのは大変ですが、これを覚えておくと、ここぞというときに強い武器になるはずです。

とはいえ、やっぱり目をぱっちりさせたいという場合は、表情筋のトレーニングが必須です。額と眉ではなく、目の周りの筋肉で瞼を開ける練習をしましょう。眼瞼下垂《がんけんかすい》予防トレーニングもおすすめです。顔の力を抜き、眉が動かないように、額全体を手のひらで押さえます。その状態で両目を限界まで見開いて3~5秒キープ、その後に脱力することを何度か繰り返します。「顔筋フィットネス」「顔ヨガ」などを調べてみると、気に入ったものが見つかるはずです。顔全体が若々しく引き締まってくるでしょう。

50 オンライン会議こそ表情の準備を

オンライン会議やセミナーでは、自分の表情を大事にしましょう。自分の表情と見え方に無頓着な人がほとんどです。その表情、100人に見られてるけど大丈夫？　と思うこともしばしば。オシャレでヘアメイクも完璧なのに、すごく怖い顔、照明が暗すぎて顔色まで悪く見える、カメラの角度的に不美人に見えるなど、かなり心配になるレベルです。リアル教室のような受講者同士の反応の連鎖がないと、一人でテレビを見ている感覚になってしまうのかもしれません。

講師の立場からお伝えすると、受講者さんの無表情、しかめ面、無反応はすごくやりにくいです。逆に、笑顔で頷きながら聞いてくれるだけで好印象を持ちます。気分も調子も乗ってきて、情報は同じでも、格段にレベルの高いセミナーになります。表情1つで講師からお得情報まで引き出せたりするので、見え方は本当に大事です。

複数人を表示できる画面設定をすると、登壇者や発言者だけでなく、自分の画面を表示することもできます。自分がどんな表情をしているのか、確認してみましょう。

実践

微笑み・カメラの角度・照明

私が受講生の場合、僭越ながら先生を応援する気持ちといい情報を引き出す狙いを込めて、表情に気をつけ、うるさくない動きでリアクションをするようにしています。

ポイントはとても簡単です。その場に本気で向き合う姿勢を見た目で伝えましょう。

【表情】基本的には終始、頬骨と口角を上げた大きめの微笑み。反応したい部分では、歯を見せて笑ったり、大きく頷いたりする。真剣な顔の眉間のシワは逆効果。

【角度】本でも箱でもいいので、パソコンを台に載せて、姿勢よく座ったときの顔の高さまでカメラを上げます。下からの角度は、どうしても不美人に映りがち。大顔、二重顎に見えます。首が長く見える角度がベスト。姿勢もものすごく大事！

【照明】明るさは想像以上に重要。デスクライトでもいいので、顔に光を当てて、顔色を明るくしてください。専用ライトを購入する価値は充分すぎるほどにあります。ライトがなければ、窓など明るい方向に顔を向けて座るだけでも印象が良くなります。

51 堂々と服を着る

ファッションが好きでたまらないからモデルになった人と、服装に無頓着で全然よくわからないままモデルへの道を歩み出す人がいます。後者は意外と多く、新人モデルのほとんどは、ダサい、とダメ出しを受けまくり、七転八倒し試行錯誤します。私自身も、ダサい自覚はありましたが、どうやっても微妙でした。先輩とは圧倒的に違います。

自分で細部にこだわれる私服だけならまだしも、ショーの衣装合わせでも、ことごとく先輩のほうが似合うのです。全く同じ衣装を着て、全然見栄えが違うのは、オーラの違いのせいでした。新人は服に着られ、ベテランは服を着こなします。堂々とした佇まいで「これは私のための衣装、この着こなしが最強の正解」と、周囲にアピールできるのです。

自信なく心細げに着る服は、残念ながら似合いません。内心が滲み出て、周りの目にも「なんか微妙」と映ります。「これが正解」という顔をしていると周囲も「なんか変わってるけど、ああいうファッションなんだろうな」と錯覚します。さらに不思議なことに、だんだんとそのコーデは自分に馴染んで、1つのスタイルとして完成していくのです。

実践

美しさは佇まいから

「これが正解」という堂々とした雰囲気を醸し出すには、姿勢と表情が大事です。服装のジャンルにもよりますが、基本的には背筋と膝が伸びて、スッと顔を上げた美しい姿勢が、あなた自身と服装を映えさせます。洋服がのっている土台、つまり人間の姿勢を整えることで、洋服が美しい形でのり、結果的にその人全体が美しく見えるのです。

堂々とした表情に重要なのは目です。モデル流「堂々とした表情のつくり方」のポイントは①キョロキョロと視線を泳がせない ②まばたきを少なめにする ③視線は下げずに正面を見る、です。眼球や瞼の無駄な動きを、少し抑えて安定させると、ゆったりと落ち着いた様子に見えます。視線を上げると心の強さを演出することができますし、実際にメンタルも上向きになることがわかっています。

美しい佇まいは、洋服だけでつくられるのではなく、私たち自身が姿勢や表情からつくり出す雰囲気に大きく依存するものなのです。美しい衣装を着た人が美しく見えるのは、衣装の美しさで私たちの心が華やぎ、自然と姿勢や表情を良くするからです。

52 「個性的」よりシンプルな装い

仕事では個性的でファッショナブルな衣装を着るモデルですが、普段の装いはベーシックでシンプルです。オシャレでセンスのある人＝個性的な服装をしている人ではなく、シンプルな装いがきちんとできてこそオシャレになれます。

オシャレ初心者が洗練された雰囲気になるには、ベーシック、シンプルを押さえるほうが断然近道です。なんでも基礎力は大切です。まずはここでファッションの基礎体力をつけてから、徐々に個性的なアイテムにチャレンジしていく、という手順を踏むのが良いでしょう。

ベーシックでシンプルな服装は、地味で元気がなく見えたり、手抜きに見えたりする、という声もよく聞きます。それには、姿勢と表情、コーディネート、サイズ・素材の選び方、をチェックして改善することで対応できます。服のパワーを借りるのは、大いに結構ですが、それだけに依存するのはいけません。服を隠れ蓑にせず、自分自身と向き合う努力が必要です。キレイになる喜びを感じながら進めてください。

実践

高い服を着ればオシャレになれるわけではない

有名ブランド品や、奇抜で個性的なファッションは、ビジネス的なキャラ付けには良いのですが、センスの良さとはまた別の話です。高価で質の良い服は気持ちを高めてくれますが、ファッションの基礎体力がないと、着こなしは難しいのです。

ベーシックでシンプルな装いの基礎知識は特に難しいものではありません。

【ベーシックな色】白・黒・ベージュ（茶系）・グレー・ネイビー。全色持っていなくても大丈夫。次の買い物のときにはここからチョイスを。

【コーデは3色まで】新人の頃、基本2色で残り1色は小物で、と教わりました。

【基本は無地】柄物は全身で1点まで。ボトムスや小物など、顔から遠い場所で挑戦。

【個性的アイテムは小物で投入】派手な色や個性的なものを取り入れたい場合は、バッグ、アクセサリー、靴など小物で。うるさくならず、地味・手抜き感も回避。小物類は色を揃えると、コーデのまとまりが出やすい。

【キレイな佇まい】姿勢を良くして、暗い表情をしない。髪を整えるのも忘れずに。

53 自分に合ったサイズを選ぶ

私たちは、自分の体について、わかっているようで全然わかっていないものです。太っていると思い込み、隠したい、と自分の体に対して大きすぎるサイズを着ている人がいます。反対に、「一応入るけどパツパツ、でもこれ以上大きいサイズを買うのは嫌！」という感じの人もいます。どちらも、余計に太って見えたり、ダサく見えたりします。

歳を重ねるにつれて、体型は変化していきます。太る、痩せる、だけでなく、体重は変わらなくとも、筋肉や脂肪のつき方が変わり、体のラインが変化します。それなのに、ずっと昔と同じような感覚で服を着たり、適当に服を選んだりしていたら、似合わなくなって当然です。

自分を磨くとき、中身でも外見でもやることは同じ。「今の」自分と向き合い、自分を観察することです。ファッションセンスを磨くとき、最初に知るべきことは、洋服のことではなく、実は自分自身のことなのです。現状を把握して、認めることが大切です。体型も個性。自分の個性を知って、磨いていきましょう。

実践

Mサイズ・ジャストサイズにこだわらない

昔のサイズや「普通」サイズにこだわりすぎて、無理やり体をねじ込んだりしていませんか。そのサイズであることより、あなたが美しく見えることが大切です。美しさはバランスです。今の自分の体型やサイズをまずは認めて、体に合った服を選ぶことで、全身のバランスが整い、すっきりとスマートに見えます。もちろん、着たい服に合わせてボディメイクをするのは素晴らしいことです。しかし、理想の体の完成を待つのは「今」がもったいないので、今着る服については、今の体も認めてオシャレを楽しみましょう。

体に合う服を選ぶには、試着は必須。自分で思うジャストサイズの前後のサイズも試着室に持ち込んで試します。鏡から離れて全体を見ることも忘れないでください。客観的に誰かに見てもらうのも良いでしょう。アイテムによっては、ジャストサイズよりも1サイズずらしたほうが、バランスよく見えることもあります。体に合う服がなかなか見つけられない人は、お直し、オーダー、子供服も見る、などの工夫を。規格通りの体型の人はいないので、実はぴったりの商品を見つけるのは難しいのです。

54 下着の色とラインは見せない

洋服でも浴衣でも、下着の色やライン、レースの凹凸が透けているのはいただけません。品がなく、ダサく、老けて見えてしまいます。タイトな服を着ないから大丈夫、と油断は禁物。デニム姿でも下着の形がはっきりわかることもあります。見た目も悪く、下着のせいでお尻の形が崩れたり、下半身太りの原因になるので、ぜひ見直してください。

夏場のTシャツの背中や、薄手のスカート、さらにそれが白や淡色だと、ラインどころか色まで透けて見えてしまいます。夏物のシャツやスカートはタイトでなくても、透けやすく、本人が気づかない後ろ側、部屋の光ではわからない透け方など、罠がいっぱいです。見えていないときは特に何の意識もされないのに、見えた途端に印象が悪くなるのが、下着のライン問題の怖いところです。ラインや色がアウターに響きにくい下着を用意する、透けない着こなしをする、という工夫をするだけでこの問題は解決できます。

下着のラインが出ることなんて気にしない！　をあえて貫くのなら、それはそれでOKです。しかし、日本では見せないほうが「上品ね」と思ってもらいやすいです。

実践

ベージュ&シームレスの下着を買う

モデルの必須アイテムです。モデルは衣装に響くデザインの下着は一切NGです。どんなに小さいレースやリボンもダメです。そこで、ベージュ（自分の肌の色）で、シームレス（縫い目のない切りっぱなしのデザイン）のショーツと、同じ色でTシャツブラのような一切飾りがないデザインのブラジャーが必須となります。

服をキレイに着るために、アウターに響かないベージュ&シームレスの下着を用意してください。大抵の下着メーカーは生産していて、売り場では目立ちませんが置いてあります。ユニクロでも買えます。シームレスのガードルもあります。最近では多様な肌色に対応した下着も売っています。

モデルなら、同じ色のヌーブラとTバックも必要です、とレッスンでは伝えますが、これは必要に応じて用意しましょう。持っているとファッションの幅が広がります。

補正下着でも、洋服にラインやレースが響くのは美しくありません。何のための補正下着か思い出してください。

55 雑貨感覚で服を買わない

「可愛い！　好き！」と雑貨を選ぶように服を買うと、失敗しがちです。20代前半くらいまではそれでも何とかなりましたが、大人だとちょっと違和感が出てきます。一目惚れで買ったはいいけれど、結局着ない服も増えがちです。また、本人にも場にも合わない服装は、「この人、自分を客観視できないタイプの人かも」という印象を周囲に与えます。服を買う、着る、をいいかげんにせず、大人こそしっかり考えたいものです。

基本的には、好きな服を着たらいいし、パーソナルカラーにこだわりすぎる必要もありません。しかし、服装は私たち自身とほぼ同一視され、印象を大きく決定づける働きがあります。特に人との関わりにおいて、私たち自身の評価や扱われ方に直結しています。

ダサさや、自分でも抱く違和感を払拭し、周りから洗練された人、信頼できる人と評価されたいなら、自分が主役で、服は自分の美しさを引き立てるもの、という視点を持ちましょう。必ずしも、服が可愛い＝自分が素敵、とはならないのです。馬子にも衣装、は似合う服を着せてもらった場合のことです。何でもいいわけではありません。

実践

プロの意見を聞こう

最近はパーソナルなサービスが充実しています。カラー診断、骨格診断によるファッションアドバイスや、買い物同行サービスなどの利用を検討しましょう。オンラインで完結するサービスも多数あります。プロの客観的な意見と選択を、まずは素直にそのまま丸ごと取り入れてください。「自分なりに」を最初から織り交ぜてしまうと、結局現状から抜け出せません。髪型もメイクも服装も、昔は自分にぴったりだった選び方が、今の自分や時代とは微妙にズレてくることもあります。

まずは、丸ごと委ねる気持ちで取り入れて学ぶほうが、早く垢抜けます。自分のキャラクターを決めつけすぎないことです。見慣れないものや、新しい体験は、最初は違和感があるのは当然です。馴染むまでには少し時間がかかることもありますが、ここは耐えて。新しい世界を体験する最初のドキドキは、成長と変身への合図です。

自分も周囲の人も、すぐに慣れます。人目を気にしすぎるのは、単に自意識過剰なだけ。他人があなたの新しい服装を気にするなんて、せいぜい初日だけです。

56 小娘には着こなせないファッションだってある

大人にしか着こなせない、つくり出せないスタイルというものがあります。若く見えることと、若い世代の服を着ることとは全然違います。せっかく、大人になったのです。人生経験を積んだ大人しか醸し出せない、自分スタイルのファッションを楽しみましょう。

上質、本物志向のファッションこそ大人が身につけることで真価が発揮されます。着る人の人生の厚みに、服やアイテムの強いパワーがのることで、新たなストーリーや雰囲気が立ちあらわれるからです。若者にはちょっと難しいこの相乗効果の魅せ方、これが大人の自分ファッションスタイルです。胸を張って堂々と、人生に彩りをまといましょう。

大人ファッションは、たとえカジュアルでも、上質さとエレガントを基本にしたいもの。そこに華やかさと、流行感を少し取り入れて、瑞々しさや旬を演出するのがポイントです。全てが高価なものや最先端のものである必要はありません。自分に似合うかどうかのチェックを怠らず、合わないものは潔く手放し、今似合うものを選ぶことで、程よく流行を取り入れた自分スタイルがキープできます。自分との対話力も必要です。

実践

ファストファッションは見極めて活用

安っぽい生地や、若すぎるデザインの服はNG。上品な艶・ハリ感のあるアイテムや、素材やシルエットにこだわった商品を選びましょう。高級感のある着こなしができます。価格は安くても全く問題ありませんが、安く見えるものはいけません。

ベーシックな色や形のニットや、賞味期限の短い流行アイテムなどは、ファストファッションでも充分です。基本的には、上質でシンプルな服を選び、ポイントでファストファッションを取り入れると失敗しにくいでしょう。自分を美しく引き立てるアイテムを吟味して集めていくと、自然とオシャレになっていきます。

今、世界的に、良いものを手入れしながら長く使うという流れに戻ってきています。地球環境を守り、限りある資源を大切にするサスティナブルな生活スタイルは大人ファッションと好相性。毎シーズン何枚も安い服を買うより、1つの商品にかける値段の制限を外して、長く愛用できる良いものを1、2点。意外と総額は変わらないはず。でも、オシャレ度と満足度、あなたの印象や美人度は格段にアップします。

57 髪型もメイクもアップデート

髪型もメイクも、瞬時にその人の印象をガラリと、別人レベルまで変えてしまう力があります。髪型やメイクをちょっと変えただけで、頭の大きさや年齢まで違って見えるのです。これを利用しない手はありません。一瞬で美のレベルを上げましょう。

しかし、大人ほどマンネリになりがちな髪型とメイク。一旦ある程度似合うものを見つけたら、ほとんどの人がずっと繰り返します。「いつも通り」やっているだけで、うっかり流行遅れの古臭いイメージになってしまうのが怖いところ。しかも、誰も指摘してくれないのでアップデートの機会がわかりにくいのです。

年齢や時代によって、似合うものは変わってきます。一旦安定した外見を手放すのは、勇気がいるかもしれませんが、そこに止まる限り、美しさは取り戻せません。埋もれた美しさを、新しい髪型とメイクで復活させましょう。髪をバッサリ切るような大きなイメチェンでなくても、効果は絶大です。同じ長さの髪型、同じ色のアイシャドウでも、私たちは充分に垢抜けて、新しい美を手に入れることが可能です。

実践

知識と技術を手に入れよう・最短ルートはやっぱりプロ

モデルは仕事現場で、自分に合うメイク、衣装に合わせて髪型やメイクを変える方法などを、プロの最先端の知識と技術から学びます。ぜひ一度、プロに直接習いましょう。

髪はとにかく上手な人にカットしてもらいます。ショートカットほど美容師の技術が重要です。周りの素敵なカットの人に、美容師を紹介してもらいましょう。カット後は整髪料の付け方やケア方法も相談してください。プロが髪の巻き方、アレンジなどを教えてくれるレッスンでは、自分を華やかに見せる技術が身につき、格段に垢抜けが進みます。

メイクは、眉の描き方を変えるだけでも、ガラリと印象が変わります。流行が表れやすい部分なので、ぜひ知っておきたいポイントです。レッスンでは、ファンデーションの塗り方から教えてもらえますし、自分に合うコスメの選び方と使い方を知ると、一気に顔が変わります。メイクは先生の顔に似る傾向があるので、先生の顔が好き、というところで選ぶのもおすすめです。知識と技術を手に入れれば、ヘアセットもメイクももっと楽しくなります。美しくなることに積極的になれば、私たちは気持ちまでもっと強くなれます。

58 美しく装うことが私と場の価値を上げる

華やかでオシャレな場は、気遅れするので苦手という人も、あまりに地味で無難な装いで行くのは、大人としてやや配慮が足りません。その装いがかえって悪目立ちして、あなたの印象を下げるだけでなく、その場の主催者や参加者への失礼になりかねません。

新人時代、パーティへはきちんと美しい装いをして行くのが礼儀であり、自分とパーティ自体の価値が上がるような装いを意識するべき、と教わりました。華美でなくとも、清潔感と華やかさのある装いは、何も言わずとも、場の価値を上げると同時に、前向きな気持ちでその場にいることや、主催者への感謝を伝えることができます。モデルに限らず、場の価値を上げ、感謝を伝えられる人を、周りが好もしく見るのは当然のことです。

仕事やちょっとした集まりでも同じことです。TPOにふさわしいオシャレができる人は、人の集まりに呼ばれやすくなります。身嗜みの良い人は好印象で安心感があり、他の人に紹介しやすいからです。これは様々なチャンスにつながります。その場に貢献する視点で美しく装えば、自分自身にも大きなメリットが生まれるのです。

実践 ヘアメイクをプロに任せる楽さと安心感

「ヘアメイクもドレスも、どうしたら良いかわからず自信ない。だからパーティに行きたいけど、行きたくない」というシンデレラたちは、魔法使いの力に頼りましょう。

主催者や過去の参加者に、ドレスアップのレベルを確認し、少し勇気を出して華やかな衣装を用意します。レンタルという方法もあります。黒一色のお葬式に着ていくような服装はNGです。せめて小物類を華やかにすること。清潔感を第一に考えつつ、デザイン性のあるもの、華やかな色、柄物などにもチャレンジしたいところです。

ヘアセットとメイクを、プロにお願いする楽さと安心感はお金以上の価値があります。美容師さんとヘアメイクさんは美の魔法使いです。パーティの趣旨や自分の好みを伝えて任せましょう。魔法をかけられて、会場に向かってください。

ここぞというときは、服やヘアメイクの力を借りて、乗り切りましょう。この挑戦を何度かするうちに、少しずつ美しく装うコツが身についてきます。あなたを最強に輝かせる重要な鍵＝美しい姿勢と笑顔は、いつもお忘れなく。

59 外見は一番外側の中身

ファッションも、姿勢や歩き方といった所作も、全て「外側」のことですが、これは一番外側の「中身」です。外見のほぼ全てが、あなたの中身である思考を反映したものです。私たちの価値観、優先順位による選択の結果が、今の姿です。自己評価のレベルまでも表れています。自分自身や気持ちが正当に評価されないとき、「一番外側まで中身をきちんと出す」工夫をする方法があります。

社会において、ファッションや立ち居振る舞いは一定の意味を持つ記号です。理屈でなく、反射的に判断される性質があります。また、外見は個性だけでなく、相手や場への気持ちを表していると捉えられます。人と関わる以上、外見での評価から逃れることは無理です。もちろん、外見だけで判断されるべきではありませんが、「最初から中身だけをちゃんと見て」は現実的ではありません。個性やポリシーを貫くこと、バランスを取ること、どちらを優先するか、さらにどのようにバランスを取るかは、あなたの価値観次第です。あなた自身が、それを自覚しておくことが重要です。優劣や正否はありません。

実践

外見磨きは、自分ウケ&他人ウケのバランス

外見を磨き整えることは「偽り」や「媚び」ではないと理解してください。自分を大切に扱い、あなた自身を伝えやすくし、正当に評価され扱われるためのものです。照れや軽薄というイメージのせいで、一歩踏み出せない人は、美しく洗練された自分、今のままの自分、どちらで今後生きたいかを選ぶだけ、と気楽に考えてもいいと思います。

とはいえ、ただ見た目だけをキレイにすればいいわけではありません。外見はあくまで「自分の中身」です。そこだけを意に沿わぬ形に、無理やり変えることは避けてください。中身との乖離《かいり》が大きくなり、メンタルを病みます。外見を褒められても、中身のない空虚なものと感じますし、他人の評価に依存して媚び続けることになるからです。自分を見失って苦しくなります。仕事のために、などと割り切って自分で納得できれば良いのですが、そうでないなら、自分ウケ、他人ウケのバランスを取りましょう。

外見だけが先に理想の自分になったのなら、それに見合うように中身を磨きつつ、中身をあえて見せてギャップウケを獲得するという方法もあります。

60 セクシーは生命力、命の輝き、魂の恍惚

私のライフワーク「セクシー写メ大会」は毎回、満員御礼となります。これは参加者のスマホで、その方のちょっとセクシーな写真を、私が撮るというもの。参加者が自分だけでこっそり楽しめて、加工も削除も自由なのがスマホ写真のいいところです。

セクシーさ、色っぽさ、女性的な部分、を嫌悪してしまう人は多いです。無自覚なうちに古い価値観によって、女性自身もセクシュアルな部分をタブー視しているのですが、それが自分を認められず解放できないことにつながっていき、苦しいのです。

セクシーは下品で卑猥なものではなく、煌々と燃える生命力そのものです。撮影が進むにつれて、皆さんがどんどん自分に集中し、同時に解放していく様子が、雄弁に生命力を示しています。瞳にも肌にも唇にも、さあっと血の気がさして、本当に瑞々しい輝きが増していくのです。自分の中の生命力が力強く燃え上がって、うっとりとした、なんともいえない幸せを感じるのがセクシー写メ大会の醍醐味です。この力が、安心感につながるのでしょう、自信が湧き堂々と振る舞えるようになった、という報告もいただきます。

実践

セクシー自撮りをしてみる

誰にも見られない安全な環境が確保できるなら、部屋で一人、セクシー自撮りをやってみるのはいかがでしょうか。いい雰囲気の音楽や照明を用意して、いつもと違う自分の表情を撮影するのも面白いはずです。脱がなくても大丈夫。お好きな格好でどうぞ。

表情だけ、唇や指先だけでも色っぽく撮影できます。自然光や逆光を利用するのも、爽やかで雰囲気ある写真が撮れておすすめです。加工アプリもどんどん使って、美しく盛りましょう。「わ〜、私キレイだな……」とちょっと嬉しくなるのが目的です。意味も意義も不要、自分にうっとりするというセラピーです。効果はやればわかります。

私、今まで60代、70代の方も撮影させていただいたのですが、セクシーは大人のものだと確信しました。女を20年、30年やったくらいでは到底醸し出せない、凄みさえ感じる美しさを見せていただきました。大人こそ、自分の生命力を自分のために燃え上がらせ、どんどん元気に自分を楽しめばいいと、心から思います。

61 堂々としたければ「動かない」こと

オーラを出して堂々と振る舞いたいとき、緊張を和らげて落ち着きたいとき、モデルたちには「無駄に動かない」ことを意識してもらいます。内心、不安で自信がないときも、プロとして仕事をする以上、堂々と振る舞わなくてはなりません。自信があるように振る舞うのも責任のうち、とビジネスパーソンは知っているはずです。

「無駄に動かない」とは、全体的に体の動きを最小限にすることです。映画などでは、組織の大物は、自信と威厳がある様子を、胸を張った姿勢と、ゆったりとした言動で表現します。逆に、卑屈な下っ端は姿勢が悪くよく動きよく喋ります。このイメージで、大物の動きをトレースしてみましょう。無意味にウロウロキョロキョロしたり、人の話に無駄に何度も相槌を打ったりせず、姿勢を正して、体の動きを止めることに集中してください。まずは外見だけでも、大物ボスや禅僧の演技をする感じです。

体と心（脳）はつながっているので、体をコントロールすることで、心の状態も変化します。体を落ち着かせることで、心も自然と落ち着き、堂々と振る舞いやすくなるのです。

実践

末端の動きを最小限に・浮足立たない

具体的には、体の末端の動きを最小限にします。足、手、頭、目の動きの無駄を省くことで、自信溢れる堂々としたオーラを出すことができるのです。

まず文字通り地に足をつけることが肝心です。立つときも座るときも、両足の裏を地面にしっかりつけます。ここが心身安定の土台です。移動は目的地へ最短ルートでまっすぐ、大股で進みます。無駄に動かないだけでも、洗練されて堂々とした印象になります。

手や腕はソワソワ動かしません。動きを封じるためとはいえ、腕を組むと尊大で不遜な印象になるので、軽く手や指を組むくらいが良いでしょう。視線はキョロキョロせず、一点を見て安定させます。相槌や頷きは、何度も頻繁にするのではなく、ゆっくりと1回もしくは回数を減らします。あとは、呼吸も深くゆったりと。

体の無駄な動きが削ぎ落とされていくと、途端にあなたの存在が大きく堂々と浮かび上がってきます。その堂々とした美しいオーラや佇まいは、周囲の人も、自分自身も、落ち着いた幸せな気持ちにさせてくれます。

Model mind

Chapter 4

✳

モデルスクール体験入学

モデルスクール・レッスンの心得

本章では、モデル養成学校でのレッスンを受講していただきます。どんなことを考えたり、実践したりしながら、モデルたちは美を磨き、お仕事の獲得を狙っていくのでしょうか。楽しみながら体験していただければと思います。皆さんから質問の多い項目を中心に、基本の［き］をご紹介します。

普段の生活に活かせることも多いはずです。別にモデルより美しくなっても、誰も文句は言いません。気に入ったものは、大いに利用してみてください。この体験入学で、あなたの生活に1つでも美のエッセンスが増えれば嬉しく思います。

では、早速始めましょう。いつもレッスン前のガイダンスでお伝えするのは次の2点です。

①声を出して挨拶・返事をする

モデル業界に限らず、挨拶をはじめとするコミュニケーションは大事です。小声で挨拶・返事をしたつもりでいることや、無言での反応は、社会人としてNG。コミュニケーションとして成り立っていません。笑顔と同じで、相手に伝わってこその挨拶や返事です。

挨拶のできないモデルは、当然ながら良い印象にはなりませんし、場合によっては事務所へクレームが入ります。礼儀がなっていない人、業務上のコミュニケーションがスムーズにできない人、やる気がない人、という評価になるからです。相手や相手の態度にかかわらず、こちらはきちんと声を出して、意思疎通を図りましょう。その様子は、周囲の人にも見られています。

子どもの頃は、声を出して返事をすることができていたのに、大人になるとできなくなる人が多いようです。声を出すのが恥ずかしいのでしょうか。仕事でもプライベートでも、お礼を伝えたり、自分が相手の説明を理解していることを伝えたりするのは、普通のマナーです。

相手が知り合いでも、初対面の人でも関係ありません。小声、会釈や目配せだけではダメです。声に出して、相手に意思を届けること。名前を呼ばれたら、顔（体ごと）を向けて、「はい」と返事をすること。

②一度言われたら、二度と注意されないように努力する

モデルの現場は、臨機応変に動かないといけない場面だらけです。ショーのリハーサルも、大抵は1、2回くらいしかありませんし、変更が入るのが普通なので、言われたことに一度で対応できないと、仕事になりません。リハーサルで「もっと○○な感じで歩いて」「演出表とは違うけど、こんな動きや対応をしてほしい」とか、いくつもの注意や、変更があります。対応できないと、めちゃくちゃ怒られたりしますし、次は声がかからなかったりします。

普段から、メモを取ったり、きちんと確認したりして、注意には一度で対応できるように、心身とも準備をして、練習しておきましょう。最初は「わかっているのに、体が反応できない」ということも多いでしょう。それでも、訓練するうちにすぐに対応できるようになります。

レッスンでは、姿勢や所作から、現場での立ち居振る舞い、普段の生活で気をつけるべ

きことなど、様々な注意やアドバイスをします。改善すべき点はすぐに対応するよう心がけてください。

どんな場面でも、モデルは自立している必要があります。決してちやほやされるような仕事ではありません。モデルは特殊に思われがちですが、多くの関係者と共に、イベントや広告をつくり上げていく「仕事」をする一社会人であり、一スタッフです。

基本的には、誰かが丁寧にお世話をしてくれたりはしません。現場にはマネージャーはついてきませんし、送り迎えもありません。現場への行き方を自分で調べて、一人で現場へ行くのです。女性の世界と思われがちですが、群れることはあまりなく、一匹狼タイプの人が多いです。

1限目　ベースを整える

髪・肌・爪・歯（歯茎も）のケア、全てにおいて「タンパク質」の摂取を意識してください。丈夫な歯（骨）はカルシウムだけではつくれず、多くのタンパク質が必要です。いうまでもなく、脂質・炭水化物（糖質）・タンパク質のほか、ビタミンやミネラルなどがバランス良くあって初めて、体の各パーツが正常につくられます。タンパク質を、と特に強調したのは、意識しないと必要量を摂るのが難しいからです。「肌が荒れやすい体質なんです」という人が多いですが、材料（栄養）不足で、肌荒れしたり髪がパサついたりしているだけだったりします。

美容のケアは、外側からのケアがイメージされやすいですが、内側からのケアはセットで考えるようにしましょう。

紹介する手順を、いきなり全てやるなんて無理！　という方もいるでしょう。1つだけ取り入れる、でも良いのです。あなたの生活に美の工程が1つでも増えれば、それは大きな前進です。

髪：豊かなツヤ髪の正体

◎洗髪編：「頭皮」を洗って乾かせ！　健康な土台（頭皮）で美髪を育てる

①目の荒いブラシや手ぐしで、サクッとブラッシング。ホコリや絡まりを取る。
②3分程度、お湯だけで予洗い。ここで7～9割の汚れが落ちる。その際に頭皮をしっかり濡らす。頭皮が濡れていないとシャンプーがきちんとできないので。
③シャンプーは頭皮を洗うもの。指の腹で、頭皮をもむように優しく洗う。いろいろな角度から生え際まで丁寧に。ついでに頭皮を頭頂へ持ち上げるように優しくマッサージする。頭皮マッサージは、髪質改善にも、顔のリフトアップにも効果的。
④すすぎは充分に。「もういいかな」と思ってから、あと10秒。きちんとすすいで、頭皮トラブルや臭い、ニキビを防止する。毛量の多い人は、シャワーヘッドを頭皮に当ててすすぐと、すすぎ残しがなくなる。

◎ドライ編：髪が濡れている時間は最短に。熱より「摩擦がＮＧ」

①タオルドライはすぐに行う。濡れた髪は傷みやすい状態なのでお風呂から上がったらすぐに乾かす。タオルでゴシゴシと髪の毛をこすり合わせない。タオルを被り、指の腹で頭全体をもみほぐすようにして、頭皮の水分を拭き取る。頭皮、髪の根元の水気をしっかり取ると、効率的に髪を乾かせる。

②ドライヤーはマスト。目の荒いブラシでブラッシングしてから。頭皮をきちんと乾かす。頭皮↓毛先の順にドライヤー。疲れていても、濡れたまま寝るのは絶対避けたい。

③冷風で整えて艶出し。ドライヤーの冷風を当てつつ、手で上から下に髪を撫でるように整えると艶が出る。キューティクルが整った状態になるので、髪も傷みにくくなる。

④洗い流さないトリートメント剤は、頭皮は避け商品の使用説明に従って使う。

⑤スタイリングは美容師さんにしっかり相談。ヘアアレンジレッスンもあるので、興味がある人は参加してみると良い。

肌：保湿とUVケア

現場でヘアメイクさんに「肌ケアで一番気をつけてほしいのは？」といつも聞きます。だいたい、「保湿する・日焼けしない・スペシャルケアしない」が三本柱です。

特に、ほとんどの肌トラブルは潤い不足のせいなので、とにかく普段からしっかり保湿（化粧水＋乳液・クリーム・オイルなどの油分）をしてほしいとのこと。

高い化粧品である必要はありません。お高い基礎化粧品を少なく使うよりは、値段が手頃でシンプルな成分の添加物が少ないものを、たっぷりと使って、しっかり潤わせてほしい、というのはよく聞きます。

化粧水は肌がひんやりするまでつけて、必ず油分で蓋をします。ここまでして保湿完了です。保湿されて、初めて肌に透明感が生まれます。化粧水は、直接的な水分補給というより、肌を清浄に整える働きと、その後の美容液の浸透を促進するブースターとしての役割があります。カサカサ肌では、美容成分は肌に届かず、日焼けもしやすくなります。

保湿は、全身保湿が基本です。粘膜以外は全て肌。顔や手足だけでなく、耳の裏、足の裏も忘れずに。ハンドクリームはできるだけこまめに塗り込みます。ハリと艶、透明感のある肌は、まずは日々の保湿からです。

紫外線のダメージは、直接的に肌を老化させます。冬でも曇りの日でも、UVケアを忘れないことです。顔はメイクのUVケア成分で守られますが、手や首や耳の後ろなども含めて、全身気をつけたいポイント。肌の色は人それぞれですが、紫外線ダメージが少なく、水分量が充分な肌は、私たちに瑞々しい清潔感のある美しさを与えてくれます。

真冬以外、日傘で肌をプロテクトしているモデルは多く、サングラスなどで目から入る紫外線もカットしています。目から入る紫外線は、目そのものへのダメージだけでなく、脳の防御反応によってメラニン生成を引き起こし、肌の日焼け、シミやそばかすにもつながるからです。日傘は、髪が紫外線で傷むのも防いでくれるので、積極的に活用したいアイテムです。

スペシャルケアしない、というのは意外かもしれません。大事な本番直前に、普段使い慣れないパックをしてニキビができてしまった話はよく聞きます。スペシャルケアには、予行演習が必要です。これは大丈夫、と確信できる特別なコスメは普段から探しておくことが大切です。「スペシャルケアより、しっかり寝て、いつも通りのキレイな肌で来て」

と何度も現場で聞きました。

その他必要な知識としては、「肌をこすらない・血行を良くする・肌は排泄器官」があります。摩擦は肌を傷つけ劣化させます。今は、顔だけでなく全身の肌を、顔と同じようにソフトに扱おう、という意識が一般化してきています。

血行が悪いと、必要な栄養素が運ばれず、キレイな肌細胞が生まれません。女性に多い冷え性は、本腰を入れて改善を目指すべき案件です。食事（栄養）、睡眠はもちろんのこと、表情を出し惜しみせず、表情筋を使う、咀嚼する、コリをほぐすマッサージなどを学んで習慣にするといったことも大切です。ほんの数分の積み重ねでも、顔つき自体が変わります。血色の良い肌を目指しましょう。

最後に、肌は排泄器官なので、肌表面から何か有効成分を入れようとするより、きちんと汚れを取って、整えておくことが先、と覚えておいてください。メイク、日焼け止めは、きちんとクレンジングして、洗い残しがないようにします。洗うときにこすりすぎたり、タオルでゴシゴシこすったりしないよう、注意してください。

爪：手指の保湿と靴・歩き方

ネイルサロン派の人は、根元に自爪がガッツリ見えている状態でいつまでも放置しないこと。折れたネイルや、マニキュアが剥げた爪は、だらしない印象になるだけでなく、自分の心もうっすら削っていきます。足の爪も同じです。

①保湿：爪は皮膚が角質化したもの。こまめな保湿で丈夫で艶のある爪を育てる。保湿はハンドクリームでもOK。保湿は毎日でもいいので、ハンドクリームやボディクリームを塗るついでに、爪や爪の際にも塗り込む。爪専用のクリームやオイルもある。

②甘皮の処理：特に足の甘皮は厚くなりやすく、見た目が悪いだけでなく、爪が正常に伸びにくくなる原因に。お風呂でふやけた状態で、足指ごとしっかり洗うほか、綿棒で軽くこするだけでも軽減される。無理やり削らず、処理後は必ず保湿する。頻度は2週間に1回程度。今は甘皮ケアなど、自爪をキレイに保つためにサロンに通う時代。

③角質ケア：爪の際も保湿。ささくれは痛くなくてもニッパーやヤスリで除去し、ひどく

ならないようにケア。できれば家事の水仕事の際は、手袋を使う。

かかとは、毎日の保湿に加えて、気になる人は月1回程度の角質オフを。ドラッグストアでも、専用のやすりは手に入るが、「人前で裸足になるのが恥ずかしい」人ほど、一度プロにケアしてもらい、それをキープするほうが良い。痛みが出るほどのひび割れ、嫌な臭い、水虫などの防止にもなる。

④爪表面は磨いて艶々に：すっぴん爪派は、表面を爪磨き用のヤスリでピカピカにすると清潔感と若さが一気にアップ。足の爪も同様。磨いた後に、トップコートを塗るのもおすすめ。

⑤巻き爪・変形した爪は治療：自己流ケアではなく、きちんとした治療やケアを行う。さらに靴や歩き方を見直すことで改善する場合も。

⑥足に合った靴にカスタムする：窮屈な靴に足をねじ込むのは巻き爪や外反母趾の原因。大きすぎる靴も足やスタイルに悪影響。中敷きを入れて、自分の足に合うよう調整を。優秀な機能性をもった中敷きを使ったり、シューフィッターに相談したりして、足の健康を見直す。

歯：治療とホワイトニング

歯はモデルや芸能人だけでなく、全ての人にとって大事なパーツです。スマホの加工アプリでも、肌だけでなく、歯も美しく加工されますよね。ここからもわかるように、歯並びや白さは、人の印象を大きく左右するものなのです。

歯や歯茎の治療はもちろん、3ヵ月〜半年に一度はクリーニングと定期検診を。虫歯や歯石をなくすことで、口臭予防にもなります。

◎銀歯は白いものに変更：詰め物や被せ物を新しくする。奥歯の銀歯も意外と目立つもの。相手に見える歯で明らかに金属とわかるなら、白いものに変更する。

◎ホワイトニング：クリニックでやってもらうタイプ、ホームケアタイプがある。一度歯医者さんに相談をして始める。

◎歯列矯正：人生が変わるので、歯並びに悩む方は、ぜひ検討を。

ボディチェック

美しい人のボディチェックの基本は次の2点です。毎日のこの習慣が、私たちを美に導き、もし美の道から外れそうになっても、引き戻してくれます。

①全身を見る（全身鏡で、キレイに見える角度からうっとりと眺める）
②全身の肌に触れる（保湿やマッサージをしながらがベスト）

特に全身を見る際には服や下着を着けず、肌や曲線美を見るのが理想的。

重要なのは、自分を愛でる、という意識を持つことです。厳しいダメ出しはしないでください。美しくなるには、慈しみながら、自分の体に意識を向ける時間が絶対に必要なのです。体のラインや肌の状態を、日々把握してあげましょう。

体には、生活や心の変化が表れます。毎日、見て触れてチェックすることで、少しの変化にも気づくことができます。そうすると早めのケアもできるようになりますし、ケアの効果も感じられるようになります。格段に、ダイエットもボディメイクも楽になるはずです。

ストイックなのは良いのですが、自分にダメ出しをしまくっている人は、魅力的ではありません。そして、残念ながら厳しく痛めつけても、キレイになれるわけではないのです。むしろ、ストレスが増して代謝が下がって逆効果な上に、セルフイメージも低下します。

同じ理想を目指すなら、自分を責める時間を、褒める時間に転換しましょう。自分の体に対して「一緒にキレイになろうね」「この部分のキレイさをもっと磨こう」くらいの感覚で接するほうが、ストレスがなく建設的です。ボディメイクの大敵はストレス。これをできるだけ取り除くことに、ストイックさを発揮してみましょう。きっとできます。

食事・サプリ

毎日水を2L以上飲まないとダメ、というわけではありません。水を多く摂ることは、代謝を促して健康と美容に良いと言われますが、本当に自分の体質に合っている場合に限ります。お腹を壊してしまう人や、水が嫌いなために強いストレスを感じてダイエットが逆に進まない、という人もいます。一般的に良いと言われていることでも、必ず例外はあります。自分の体の変化をいちいち感じ取ることが重要です。

ダイエットでは、食事の内容と量の見直しが必須ですが、情報を最優先して、自分の体質や体調を無視しては意味がありません。

よく「モデル業界では常識のマル秘サプリ」とか「モデルたちがこっそり飲んでいるダイエット薬」みたいな広告があります。モデル「も」飲んでいるかもしれませんが、私はモデル限定の魔法のサプリは見たことがありません。これらの商品も安易に手を出すのではなく、きちんと調べて考えてください。むやみに信じてはいけません。

試してみた結果、体に不調が出ているにもかかわらず「高い値段だったから」と飲み続ける人がいるのですが、不調が出たら、サプリでも薬でも、即中止してきちんとした専門家の指導を仰いでください。同じお金をかけるなら、合わないサプリや健康食品よりも、自分のアレルギーについて調べたり、栄養の勉強に使ったりするほうがずっと有益です。

結局は必要な栄養素をきちんと摂取して、食べすぎず、適度に運動することが一番のダイエットとボディメイクです。知識を身につけましょう。日頃のちょっとした心がけだけでも、意外と体は素直に変化したりします。

例えば、モデルは、体を冷やさないために、夏場でもカフェでは「氷抜き」ドリンクをオーダーするのはわりと普通で、基本的には甘い飲み物を避けている人がほとんどです。習慣ができているので我慢している、という感覚でもありません。

甘いドリンクをいつもダラダラ飲みながら、「痩せたいです」と言う人がいますが、そのドリンクをやめるだけで肌も体のラインも変わります。基本的には甘いドリンクは間食のカウントです。つまり軽い1食分なのです。カロリーはしっかりありますし、急激な血糖値の上昇は体に負担がかかります。肌にもパフォーマンスにも悪影響です。半分に減らすか、とりあえず今月だけでもスパッとやめてみてください。

モデルが全く甘いものを食べないか、というとそうではありません。スイーツ大好きな人もたくさんいます。みんな、ダラダラ無駄に食べないだけです。メリハリをつけて、甘いものも楽しみ、その分、普段摂生したり、運動をきちんと行ったりしています。

こんな小さなことの積み重ねが、日常生活のあらゆるシーンで行われることで、万年ダイエッター体型とモデル体型の違いが生まれているといっても過言ではありません。

ストレッチ・トレーニング・習い事

痩せるのは食事管理だけでも可能ですが、やはり自分の理想のボディラインを手に入れるには、トレーニングやストレッチは必要です。

今は無料動画や格安のオンラインレッスンも豊富です。もちろん、近くのジムに通ったり、パーソナルトレーニングを受けたりするのが理想的です。プロから直接学んで、自分に必要なものを取り入れます。毎日、長時間ケアできなくても構いません。すき間時間にできることを積み重ね、一種類でもいいので、習慣づけましょう。

モデルには、ボディメイクとメンテナンスを兼ねて、ヨガレッスンに通う人が多いです。オシャレなイメージもありますし、体も心も整えられる習い事として人気です。学びを進めて、インストラクターの資格を取る人も多くいます。

実は、少食な人ばかりでなく、結構よく食べよく飲む人が多いモデル業界。みんなスリムな体型を維持しているのは、ジムやヨガなどの習いごとで、代謝の良い体をつくり、さらに運動もして、きちんと調整をしているからなのです。

感性を磨く

いろいろなアートや表現に触れて、感性を磨きましょう。それが、私たちの世界を広げ、感性を豊かにします。

モデルは、様々な世界観を表現するモノ言わぬ役者でもあります。デザイナーや演出家の望む世界を、自分から発するポーズや雰囲気で表現しなくてはなりません。そのときに、私たちを助けてくれるのが、世界にあふれる様々な表現作品です。表現の引き出しを増やしていくことが、とても大切です。

映画、文学、美術品、音楽、ファッション、サブカルチャーから、歴史や科学、建築まで、あらゆるものが、私たちの表現の源になり、インスピレーションを与えてくれます。様々な世界や文化に触れることで、異なる視点を得られ、理解できるものや表現できるものが増えていきます。今までさらっと眺めていたことを、少しだけ注意して見てみてください。「自分がやるなら」と想像して真似てみる、という視点も素敵です。

クリエイティブな仕事をする人たちには、アニメや漫画の好きな人も多く、そのエッセンスがどこかに入った作品もあります。衣装やステージの創造主と同じエッセンスが自分の中に多いほど、仕事がスムーズに進みます。たとえ、そのエッセンスの元作品を知らなくても、他の知識を引っ張ってきて、その世界観を理解できれば、問題はありません。

さらに、私たちモデルは、見たことも体験したこともないものや、形さえないものを表現することもあります。お姫様、花魁、とかならまだ人間ですが、虫、秋、人形、神、血管、ドイツの古城、宇宙、輪廻転生、拘泥感、無機物などなど（全部やったことありまず）、あらゆる創造性と独創性の爆発した作品、人たちと仕事をするには、知識はいくらあっても困りません。

好奇心のアンテナを張って、気になったものにはとりあえず反応して試してみましょう。たくさんの表現や世界に触れることは、たくさんの価値観や視点を知ることでもあります。それは同時に、自分の好きなものや、大切にしたい価値観、考え方を深く知ることにもつながります。自分への理解が進んだり、好きなものが増えたりすると、私たちの人生はより豊かになります。感性を磨いて、世界を広げたり深めたりしながら、共に素敵な人になっていきましょう。

2限目　座り方と所作

モデルの心得として、あらゆる所作が、360度どこから見ても美しくありたいものです。所作は普段から心がけることで、いつからでも美しく磨き上げることができます。無意識、つまり普段の立ち居振る舞いが表れるのが、所作です。特別なときだけきちんと、というのは難しいので、普段から少しでも気をつけておきましょう。

所作の一つひとつが丁寧で美しくなると、コミュニケーションも良好になります。完璧でなくても全く構いません。「丁寧であろう」「美しくあろう」とする姿は、自然と伝わりますし、たとえぎこちなくても、好感度が高いものです。

さらに、美しい姿勢や所作というものは、どうしてもある程度、筋肉も必要になります。普段から意識することで、特別な筋トレをしなくても、徐々に必要な筋肉がつき、楽にその動作をできるようになります。筋肉がつくことで代謝が上がってすっきりと見え、さらに動作が美しくなるので、一石二鳥です。

美しい座り方

まずは、今、座っている姿勢から見直して、美しくしていきましょう。椅子に座る場合、骨盤を立てて、お腹を潰さないように座ります。猫背を防止でき、背筋をピンと伸ばしやすくなります。少しだけお腹に力を入れておくのが、姿勢キープのポイントです。この姿勢でいると、胸やお腹のあたりの洋服のシワが少なくなるので、目安にしてみてください。ただし、肋骨が開くほどお腹を伸ばし切るのは反り腰になって体に良くないので避けます。

さらに、膝から膝下は閉じて座りましょう。足裏は、きちんと床につけ、両足をキレイに揃えて座ってください。左右の膝と内くるぶし（足首）をくっつけるのがポイントです。膝の角度は、横から見て90度もしくは、それより若干大きめ。足の裏は、膝の真下か、少しだけ前に出すようにすると、正面から見たときに膝下が長く見え、美脚効果もあります。仕事などで長時間椅子に座るときや、ソファの場合は、深く腰掛けて大丈夫です。しかし、2、3時間程度のパーティやレストランでの食事では、背もたれは飾り。ハンドバッグ1つ分くらいのすき間をあけて腰掛け、背もたれは使わずにいられるようにしたいものです。

所作を美しくする3つのポイント

①手は常に「ネイル塗りたて」

物を扱うときの、手や指に注目します。何かを、持つ、掴む、取る、渡すなど、物を扱うときは、常に「ネイル塗りたて」のように、指の腹で丁寧に扱うようにしましょう。さらに、指を揃えることも大切です。すぐに手の所作が美しくなります。

ペットボトルでも、パートナーの腕でも、爪を立ててガシッと握るのではなく、指の腹で優しく触れてください。さらに両手で扱うようにすれば、より丁寧で優雅です。

②音を小さくする

足音、ドアの開閉時や物をテーブルに置く際など、私たちはいつも何かしら音を出しています。それがあまりに多く、大きな音だと、途端にガサツで落ち着きのない人、という印象になります。

例えば、テーブルに物を置くときに、「ドン！」と放り投げたり落としたりせず、「トン」くらいになるように丁寧に置いてみる。カツカツ、ドンドンと足音を響かせて歩いたり、落ち着かずあちこちをバタバタと右往左往したりするのもやめる努力をしてみる。姿勢を正して、お腹を引き上げて歩けば、足音は小さく上品になりますし、ヒールのゴムがすり減っているのをきちんと直せば、不要なカンカン音もなくなります。バタバタしてしまうのが、自分の準備不足からであれば、落ち着いて行動することで、無駄な動きを減らせるはず。目指す足音は、迷いのない「コツコツ」です。

自分の出す生活音、動作音を、小さくしてみる意識を持つことで、無駄で雑な動きも減り、優雅に見えるようになります。

③身幅で扱う

優雅な所作の基本は、自分の身幅（体の幅）くらいの範囲で、動作を収めることです。脇や脚をガバッと広げた動作は、活発な印象にはなりますが、優雅さ・美しさという点からは、少しズレてしまいます。細身ラインを意識して、自分自身も物も、自分の中心軸に集めるようなイメージで振る舞うと、洗練された大人の印象になります。

3限目　写真写りを良くする

スマホやSNSの普及で、写真を撮られることが日常になりました。一方で、自分の写真写りに自信がなく、写真に苦手意識を持つ人は多いです。

うまく笑顔をつくれない、どんな姿勢・ポーズで写ればいいのかわからない、すごく太って見えてしまう、という悩みの声はよく聞きます。表情も体型も雰囲気も、なんだか実物のイメージより数段マイナスに感じてしまうこと、ありますよね。

写真から逃れるのは難しいし、今やSNSの写真写りはビジネスにも影響しますから、克服できたら嬉しいですよね。今よりマシに……できればキレイに写りたい、けれど、モデルみたいなキメポーズは不自然で恥ずかしい、ナチュラルな雰囲気で自分的に落ち込まない写真がほしい、というあなたへのレッスンです。写真写りが良くて困ることはありません。

上半身は接近戦・効き顔と首筋で差をつける

鏡とスマホを準備します。モデルは写真写りが仕事に直結します。コンポジット（通称コンポジ。宣伝に使う写真と、名前、スリーサイズ、靴のサイズなどが記載されたモデルの営業資料）の出来が悪ければ、書類審査さえ通過しないので、オーディションにもたどり着けません。しっかりと人に伝わる笑顔をマスターしましょう。

【表情①】表情筋を育てる

まず、鏡を見ずに笑顔をつくってください。自分で、自然かつ人に伝わるレベルの大きな笑顔、と思う表情です。その顔をキープしたまま鏡を見てみましょう。ここで思っていた表情と同じ、という人はなかなか優秀。しかし、ほとんどの人は、想像の表情と違って、不自然だったり、思ったほど笑えていなかったりしたはずです。

写真映えしやすいのは「前歯を全て見せた大きな笑顔」です。上の前歯が全て見えており、前歯の両サイドに、やや空洞ができるくらい、しっかりと口角と頬が引き上げられている状態です。頬骨ごと斜め上（こめかみ方向）に口角を引き上げて、顔の下半身全部を使って笑いましょう。

この笑顔は、最も筋肉を使うので、顔のたるみ防止のためにも、積極的に練習していきたいものです。鏡を見るたびに、日に何度もチェックしてもいいくらいです。口角も頬骨も、キレイに引き上げるには筋肉が必要。口を閉じて口角だけを上げる笑顔は、実はこの大きな笑顔をマスターするほうが、早くキレイに習得できます。口を閉じたまま、口角と頬骨を上げるのって、実際には表情筋を育てて動かせるようにしてからでないと、難しいのです。

「表情筋を使って、笑顔美人になる。顔もリフトアップする」というマインドを日常生活の中で、実践し続けてください。写真写りが怖くなくなるばかりか、周囲への印象も良くなります。

【表情②】声を出して自然な笑顔をキープ「にゃー」

冗談みたいに聞こえるかもしれませんが、シャッターの直前に、「にゃー」と高めの声を出してみてください。3秒くらいでしょうか。高めの声、というところがポイントです。

まず、ちょっと面白くて笑えてしまう、という効果があります。友達同士だとさらに楽しいですね。このような心理的な効果もありますが、メインはこれではありません。
高い声を出すと、自然と頬骨が上がりやすくなります。そのまま「にゃー」と言うと、口がキレイな笑顔の形になります。さらに、声を出す＝息を吐き出すことで、心身の緊張が緩んで、顔の表情がますます動きやすく、目の表情も柔らかくなります。3秒ほど息を吐き出しながら「にゃー」と高めの声を出した後、下唇だけ動かして閉じたら、「前歯を全て見せた大きな笑顔」ができあがります。声をどうしても出せない場面では、シャッター前に頬骨を上げつつ、ハーッと大きく息を吐き出してから笑顔をつくると良いでしょう。

笑顔をキープしなくてはならないときは、笑顔のまま声を出したり、深呼吸を繰り返したりしましょう。プロも長時間の撮影や、長いランウェイでは声を出しながら、呼吸を止めないようにしながら、笑顔をキープしています。キープを意識すると、どうしても体が緊張し、呼吸が止まりがちです。すると、顔も引きつって、目の表情も死んでしまいます。声や呼吸で、生き生きした表情を保つようにしましょう。

【美人の型】首の長さが美人の形

顔の造作については、人それぞれの好みの話なのですが、反射的になんとなく美人に思える形というものが存在します。美人の記号、とでもいいましょうか。

それは「首が長い」ことです。これは漫画家さんからも教わったのですが、美人やイケメンのキャラを描くときは、首を長くするそうです。顔については、読者の好み次第ですから、判断は人それぞれですが、首を長く描くと、「美しい人設定なのね」と伝わるということでした。つまり、首がスラッと長いのは、美人を表す記号、ということです。

写真に写るときのポーズでは、首を長く見せることを意識します。

①まずは、姿勢を正してデコルテ（胸）を開きます。このときに、肩が上がらないように注意。肩が上がりやすい人は、なで肩をつくるようなイメージで肩を下げてみましょう。

②鏡・カメラに対して、体は斜めに向けます。カメラに対して、遠い体・近い体があると全体的に立体的に写り、のっぺりとした体型や雰囲気にならず、魅力的に見えます。

③カメラ側の肩を少し下げると、首が長く見えます。小顔効果もあります。

④肘は体の真横から少し背中側に引いておくと二の腕が潰れて太く写るのを避けられます。

撮影のとき、脇は自然に締めつつも、二の腕は体から数ミリ浮かせておくものです。

【効き顔】写真映えするほうを前に出す

左右対象の顔の人は、ほぼいません。目の大きさや、眉の高さ、顎のラインは、結構違います。メイクでパーツを左右均等に近づけても、やはり頬の上がり具合や髪の流し方は違うので、左右の顔は別人といってもいいほど、印象が違うものなのです。

右顔、左顔をそれぞれ自撮りしてみましょう。真横からのショットでなくても、少し首を左右に振ったカメラ目線の顔でも大丈夫です。顔の正面にスマホを固定して、左右同じ角度・同じ表情で撮影してください。

より魅力的に見えるほうの顔を、効き顔といいます。写真を撮るときには、体を斜めに開き、効き顔をカメラに向けるように立ちます。左顔が効き顔なら、右半身をやや後ろに引き、左顔と左半身が、カメラに近くなるように立ちます。

多くの人は、目が大きいほうを効き顔、としがちです。しかし、パーツではなく、全体のバランスを見ることが大切です。顎のラインや頬が引き上がって小顔に見える、口角が上がりやすくて若々しく見える、そういうポイントもチェックするのが一歩抜きん出るセルフプロデュースのコツです。さらに上級者になると、シャープでクールに見えるほうをビジネスシーンで、ふっくらと優しく見えるほうをプライベートシーンで、というようにメインの効き顔を使い分ける、なんてことも可能です。

【自撮り】自撮りも仕事のうち

自分が魅力的に見える角度を知っておくこと、どれくらいの笑顔が似合うのかを知っておくことで、写真恐怖症もかなり和らぎます。自撮りをたくさんして、自分を客観的に見て、自分の顔や表情の癖を知りましょう。どんどんレベルアップした魅力的な表情ができるようになります。それは、感情表現の幅を広げ、豊かなコミュニケーションにつながっていきます。

私が担当していた半年間の集中モデル育成コースでは、毎日自撮りを提出し、慣れてきたら、今度は「一発で良い笑顔」に挑戦して、一枚目の笑顔を提出する、という課題がありました。一枚目に盛れる写真が撮れたら、モデルの仕事に限らず、日頃のいろいろな場面で便利です。

笑顔が苦手、と言っていた新人モデルたちも1ヵ月も毎日自分の顔を撮っていれば、いやでも自分の笑顔を見慣れますし、大きな笑顔をつくるのが特別でもなくなります。すると、表情筋もよく動くようになってきますので写真写りのレベルが目に見えて上がります。

モデルは基本的に写真加工はNGですが、モデルの仕事用でなければ加工アプリは上手に利用して良いと思います。過剰な利用は、現実逃避につながり、実物の改善も同時進行で頑張れるかは怪しいところ。SNSの中でだけ夢を見るというのもアリですが、リアルもレベルアップするほうが、自分磨きをしたい人にはおすすめです。アプリでの加工は、写真を「リアルで見たときの印象に近づける」ようなイメージで使うのが良いかもしれません。もしくは、理想の加工に近づくように努力する、という使い方は歓迎です。

本当は、「この写真、加工なしなんです」っていうのが、一番カッコ良くないですか。

全身のポーズは「細く、長く、立体的に」

写真撮影でのお悩み2大トップは、表情とポーズです。大人っぽくキレイにスマートに写りたいけれど、どうしていいかわからない、ということでしょう。

モデル志望者は、顔の自撮りには慣れていても全身写真が苦手、という人が多いです。

顔に比べて全身を客観的に見る機会が少ないせいでしょう。全体的に見て素敵に映えるバランスを習得するには、やはり客観視が必要です。

【全身チェック】姿見で客観視

全身が映る鏡を用意してください。細くて短いものではなく、体の幅×身長に近い大きさで全身がきちんと写るものが理想です。なるべく傾斜を小さく設置しましょう。壁に張り付けられた鏡くらい真正面から見られるものが理想なのです。

これは、全身のボディチェックだけでなく、ファッションのコーディネートを見るときにも役に立ちますので、美意識を高めたい人はぜひ、お部屋に導入してください。

【立ちポーズ①】目指すは「細く、長く、立体的に」

全身ポーズの基本は、「細く、長く（身長高く）、立体的に」見える立ち方です。真っ直ぐ美しく立つ、ができればどんな場面でも大体乗り切れます。

モデルは、細く、身長が高く、スタイルよく見える立ち方をしているので、余計にそう見えます。体型コンプレックスがあっても、うまくカバーする、自分がキレイに見える立ち方を知っているのです。これは難しい技術ではなく、知識の問題ですので、即実践できます。早速、鏡の前に立って、「細く、長く、立体的に」見える角度を探しましょう。

詳しくお伝えします。

細く カメラに向かって斜めに立つ。体がやや横を向くことで、真正面よりも細身に見える。細身がコンプレックス、という人は、逆に真正面ぎみに立つと華奢さをカバーできます。

長く 猫背ではなく、しっかり背筋をピンと伸ばして、頭を高い位置にキープ。もちろん、デコルテは開いて、肩を下げ、首は長く見せます。背骨を上下に引き伸ばすイメージ。

立体的に 斜め立ちでカメラに近い体、遠い体ができることで、肩、胸、腰のラインが見えて、スタイルがよく写ります。正面を向くと、のっぺりとして、実際よりも太って見えます。

鏡（カメラ）に向かって、真正面を向かず、効き顔が鏡側になるように、斜めに立ちます。例えば、左顔が効き顔の場合は次の3点を意識します。

①鏡と真正面に向き合った状態から、体の正面を45度ほど右にずらして直立します。つま先、おへそ、顔が右45度方向を向いて、斜めに立っている状態です。
②その場で、腰幅くらいに足を開きます。
③左右の足の位置はそのままキープ。上半身をねじるイメージで、左足（鏡側）のつま先と、顔を鏡方向に向けます。お尻がギュッと締まります。鏡に前後の脚が重なって映っていたらOK。さらに、後ろ足（右足）に体重をかけて立つと、美脚&小顔に見えます。脚がちょっと開いた状態が気になるのなら、両足のかかと同士を合わせて、つま先で、「2時」をつくると良いでしょう。3時だとちょっとやりすぎ感が出ます。

これがいわゆる、「モデル立ち」といわれる立ち方です。骨盤（おへそ）は斜め45度、胸は30度、顔は15度くらい斜めを向いているイメージです。ソフトクリームのように、体のパーツが下からねじれて積み上がっている感じ。慣れないと相当変な感じがするはずですが、それで正解です。体は横向き、前のつま先と顔だけ正面、みたいな感じです。

視線が鏡（カメラ）を向いていれば大丈夫なので、無理やり顔を真正面に向ける必要はありません。効き顔効果も弱まってしまいます。これらの角度は、その人の体型によって、多少変わりますので、鏡で自分の体が一番キレイに見える角度を探しましょう。

【立ちポーズ②】記号・キャラ設定でイメージを操る

さらにスタイル良く見せたい場合、女性であれば腰をS字に反らせます。普段は反り腰はNGですが、写真の時だけはOKです。胸は上がり、くびれが強調され、立体感が生まれて、スタイル良く写ることができます。

基本のモデル立ちをベースに、脚を開いたり、閉じたりするだけで、見え方が違ってきます。いろいろと試してみると、お気に入りのポーズが見つかるはずです。

原則として、体を閉じた、曲線が強調されるポーズは、女性的なイメージになります。反対に、体をバーンと正面に向けるような、体を開いたポーズで平面的だったり、直線的なラインが多くなったりすると、男性的で力強く見えます。ポーズも一種の記号なので、これらの要素を意識的に取り入れることで、見せたいイメージをつくることができます。

理屈よりイメージ派！　という人におすすめなのが、「キャラ設定」です。ハリウッドセレブやタカラジェンヌ、映画のプリンセスでもOKです。「自分が楽しくなる、最上級の私」をなるべく具体的に想像すること。さらに、場面や感情まで設定できれば完璧です。

すると、途端にそんな雰囲気のある写真が撮れ始めるので、人間とは面白いものです。設定って本当に侮れません。ヘアメイクや衣装でなく、想像力だけでも人間の醸し出す雰囲気は変えることができます。

これ、長い付き合いのカメラマンさんは、「彩希子劇場」と呼んで、ご自身の現場でもこのメソッドを使ってくださっているそう。大変光栄です。

【手はどうしたらいいのか問題】

ポーズの最終仕上げ、手の置き場所で困りますよね。モデルみたいに腰に手を当てるのも、大げさだし。とはいえ、まっすぐ下では味気ないし硬い感じがする、という場面もあります。

そこでおすすめは次の3点。これで大体どうにかなります。

①ポケットに親指だけ入れるｏｒ出す

カメラ側の手を、ボトムスや上着のポケットに、親指を引っ掛けるようにラフな感じで入れる、もしくは、他の指全部を入れて親指だけ出す、というスタイルは、簡単に自然なポーズになります。肘を張りすぎると不自然なので、肩や腕の力は抜いてリラックスしてください。腰より高い位置のポケットだと変なポーズになるので②以降を試します。

②体の前で手を組む

指をきっちり揃えて組むとかしこまった感じですが、開いた指を軽く交差させて、おへその下あたりに置いておくと、カジュアルでリラックスした雰囲気になり、手持ち無沙汰にもなりません。肘は張らず、肩と腕は脱力してリラックスさせておくこと。胸は張って！

③カメラから遠いほうの手を、何かに触れる

カメラ側の手は下ろしておくか、①のスタイル。カメラと反対側の手を、軽く隣の人の肩や腕に添えたり、近くの家具などに触れると、周りの空間との一体感が生まれるポーズになります。その際には「ネイル塗りたて」のつもりで、指の腹で触れましょう。

【座りポーズ】膝からつま先まで一直線・両脚の間は見せない
P.169の基本の座り方を参考にしつつ、脚さばき三段活用で変化をつけます。

①基本の正面向き
お腹を潰さず、背筋をピンと伸ばして座ります。両膝と足首をぴったりと揃えて、膝からつま先まで一直線に伸ばします。このままでも美しく好印象な座り姿ですが、さらに、つま先をやや前に出し、かかとを上げ、足の甲を伸ばすようにします。脚がとても長く見えるようになります。ぺたんこ靴のときはもちろん、ヒール靴のときでも、ちょっとかかとを持ち上げると、さらに長く美しい脚に見えます。

②女子アナ流し
膝下を、少しだけ斜めに流す座り方です。基本の座り方から、左右どちらか（できれば効き顔方向）につま先を流します。下にくる足は半歩後ろへ引きます。

このとき、ちょっと特殊なのですが、両方のかかとを思い切り上げて、左右の足の甲をカメラに向けるのです。ふくらはぎも、足首もぴったりと閉じていてください。下にくる足首は、力を入れて持ち上げないと、ダランと床に落ちてだらしない見た目に。体感としては、とても無理がありますが、写真写りは抜群です。

膝からつま先まで一直線にしてこそ、意味があるポーズです。つま先もしっかり横に流しましょう。

③女優流し
いわゆる、脚を組んだ状態のことです。組んだ脚の膝下が離れていてプラプラと揺らせるような状態だと、カジュアルな印象です。

ちょっとセクシーさと高級感を出したい場合は、脚を組んだまま、②女子アナ流しのように、やや斜め前に流します。その上で、両ふくらはぎを、ピタリと沿わせます。


どれも、筋肉を使うので、ちょっとツラいポーズかもしれませんが、こうやって美しいポーズはつくられているのです。身体が歪みやすいので、②③ポーズは日常ではおすすめしませんが、ここぞ、というときに、自分を美しく演出するために使ってみてください。

その日のために、一度鏡の前で練習しておきましょう。

4限目　プロによる撮影のススメ

年に1度は、プロによるプロフィール写真の撮影を経験してみましょう。ヘアメイクも撮影もプロにお願いして、今、最高に美しい自分になるのです。その驚きと感動を、人生のエッセンスとして取り入れるのは、かなりコスパのいい選択といえます。人に見せる、見せないは関係なく、あなたの人生に良い影響をもたらします。

美しくヘアメイクしてもらい、美しく撮影してもらうのは、大きな癒しになりますし、自己肯定感やオシャレ度が急上昇します。何度も挑戦するほど効果が倍増していくので、初心者ほど頻繁にチャレンジするのが理想ではあります。

モデルたちは、コンポジットに載せる宣材写真を、年に1度は撮り直して新しくします。コンポジットがないと、仕事ができないので、必死で用意します。基本的に、どんな服装や雰囲気で撮るか、などはモデル自身の責任で決めます。事務所は相談に乗ってくれはしますが、程度はそれぞれです。撮影が決まると、自動的に美意識や自分への関心が高まる、という現象が起きます。撮影を意識して、自分の中のセンサーに、次々とファッションやビューティケアの情報が引っかかってくるからです。

準備段階での主な効果は2つ。1つめは、自分磨きが加速すること。撮影に向けて、肌や髪のお手入れをしたくなりますし、どんな洋服やネイルにしようかな、と気になり始めます。撮影を口実に、新しい洋服を買ってしまうのは、撮影あるあるかもしれません。この過程で、「自分をどのように見せたいか」「どんな自分になりたいか」という自分の理想像が明確になってきたりもします。

2つめは、美人を詳しく観察するようになること。雑誌などでも、さらっと見ていたモデルの、表情やメイク、ポーズ、雰囲気という細かい部分にも目がいくようになります。こんな工夫があるのか、と新発見があるでしょう。この蓄積が、あなたの今後のファッションの選択、身のこなしに、無意識のうちに影響を与えていきます。もう美しさは加速し始め、元には戻れません。

撮影当日の刺激は、たくさんありますが、最大の効果は、思い切り非日常を味わえること。テーマパークにどっぷり浸って遊ぶような感覚で、存分にモデル気分を楽しんでください。モデルの楽しさや、意外な苦労なんかも味わえるかもしれません。自分が美しく仕上がっていくにつれ、徐々に自分の顔つき、心の状態、身のこなしまで変わるのも実感できるでしょう。非日常を味わって、日常をぶち壊すことで、日常にまた活力が戻る効果もあります。

やはり、間近でプロのヘアメイクのテクニックを見て学べたり、美容情報を教えてもらえたりするのも、大きな収穫です。質問すれば、似合うもの、似合わないものをズバッと教えてもらえたりもします。特に、メイクはしっかりとドアップ自撮りで写真に残して、今後の自分メイクの参考にしましょう。雑誌や動画で学ぶよりも短時間で、自分用にカスタマイズされたメイクを知ることができます。

撮影後の気持ちは、体験した人にしかわからない特別なものです。たくさん撮った写真の中に「奇跡の一枚」が何枚かあるんです。全ての写真がパーフェクト、なんてモデルでもまずありませんので、他は気にせず、お気に入りの写真だけピックアップして眺めてください。素敵な写真は、心が癒されて、自己肯定感を爆上げしてくれます。今の自分の中にある美しさを、プロの力で引き出して見せてくれる写真は、自信につながります。

自分を客観視することができ、今後の自分磨きに大いに役立ちます。さらに、写真を見るうちに、次回への欲が湧き出してくることでしょう。それは自分を客観視できた結果、自分の美に関心が高まったということ。反省したり、落ち込んだりする必要はありません。「もうちょっと○○したい」という気持ちが出たら、素直にそれを実行に移しましょう。

撮影は、回数を重ねるほど、慣れてきてどんどんキレイに写れるようになります。モデルも、一般の生徒さんも、撮影をすればするほど、オシャレに、キレイになり、若返っていきます。撮影スタジオは1回行けば、もう勝手知ったるものです。経験者の顔をして、2回目の来店予約を入れてください。カメラマンさんやヘアメイクさんによって、写真は仕上がりがかなり変わりますので、次回は別のスタジオでチャレンジする、というのも楽しいかもしれません。

プロによる撮影は、癒しと自信をくれる「心のエステ」ともいえます。人に見せても、見せなくてもいいので、自分のために、美しい自分を写真におさめていきましょう。何度か経験した後、写真を見返すと、無意識のうちにも自分が美しく成長しているのを実感できます。

5限目　ただまっすぐ立つだけで美しく！

オーディションでも街中でも、立っているだけで美しく、オーラのある人を目指しましょう。「まっすぐ」立てる人は実は少なく、大抵は片足に重心が乗っている、猫背になっている、ちょっとフラフラ揺れている、という具合です。ですから、ただまっすぐ立っている、というだけで周りに差をつけることができます。モデルたるもの、そこにいるだけで、ただまっすぐ立っているだけで美しい！　というレベルを目指したいものです。

細かいチェックが苦手な人は、足の裏の上に、伸びた膝、骨盤（締めたお尻とお腹）、開いたデコルテ、頭を、キレイに積み上げると、美しい立ち姿勢をつくりやすいと思います。土台の足裏の上に、まっすぐ立った体のパーツが上へ上へ、ダルマ落としのように、ズレずに積み上がっていくイメージです。

ただし、注意したいのは、自己判断だけで、無理に姿勢を矯正しないこと。人によってはズレて全体のバランスを取っていることもあるからです。大きく変えたいことがある場合は、体のプロと相談して、二人三脚で進めてください。

美しく立つための5ヵ条

①足の裏をしっかりと地面につける

両足をピタリと揃えて体重を左右均等にかけます。指やかかとが浮かないように。親指から小指まで、つま先からかかとまで、全てを地面につけるつもりで。ボーッと立つのではなく「自分の意思で、自分で選んだ場所に、足を置いている」という意識で足を置くと立ち姿に芯が通って見えます。つま先は正面12時方向か1時&11時方向に少し開きます。

よりスマートさを出す場合は、「モデル立ち」です。正面から見たときに、脚の間にすき間ができないように、足をやや前後にずらします。かかと同士は一直線上に置き、左右のつま先で2時もしくは10時をつくるようにすると自然で洗練された感じに立てます。

②膝を伸ばす

膝が曲がるとまっすぐな姿勢になりません。膝、腰、背中、首といった、体の背面が曲がるのは「老い」の型。いくらメイクを頑張ってもオバさんの印象です。

③お尻は放し飼いにしない

お尻の力が抜けると、肋骨が開いて、反り腰になるのでNG。反り腰は、腰痛や冷え性、下半身太りなどにつながります。お尻をきゅっと締めて、同時にお腹にも力を入れて立ちましょう。真正面を向いて立つ場合、かかとを合わせ、つま先を少し開く（1時&11時方向）＋膝を伸ばして立つと、お尻とお腹に力を入れやすくなります。

④デコルテを開いて前を見る

肋骨が開かない程度にデコルテを開いて、胸を張ります。胸は「横に」張ります。胸を縦に伸ばそうとしても、お腹が伸びて反り腰になるだけです。肩甲骨を背中の中央&やや下あたりに寄せるようなイメージで、デコルテを左右に開きます。仕上げに顔を上げ、視線を正面にすえます。視線は、遠くへまっすぐ、が正解です。

後頭部を背骨にもたれさせる感じで頭を後ろに引き、顎を軽く引くと正面が見えます。歩くときも、顔から突っ込まず、この後頭部のポジションをキープしましょう。

⑤まっすぐな「軸」に体も心も集める意識（上級者テク）

体の中心に一本軸を通すイメージをしてください。一本の軸が、頭から、首の骨、背骨を伝って、おへその奥、脚の間を通るのを意識して立ちます。脇や脚がガバッと開くほど、ガサツな印象です。軸にぴったりと肉体を集めるように、そして体を上下に引き伸ばすようにして立つと、スマートで凛とした印象になります。

また、私たちは、ついボーッといろいろなことを考えているうちに、「心ここにあらず」になっています。意識が半分くらい体から抜けてしまっている感じです。すると、姿勢も表情もだらっと崩れがち。心も、この軸から離さず、肉体の中に入れておく、というイメージを持つと、美しい姿勢もオーラもキープがしやすくなります。ぜひ、試してみてください。

一旦慣れてしまえば、新たな癖になり、無意識でできるようになります。たまに、「ずっとそんなにキレイな姿勢をしていて疲れませんか」と聞かれることがありますが、全くの無意識ですので、全然疲れていません。意識して、繰り返し実行することで、癖づくのと同時に、姿勢をキープするための筋肉も発達して、最初の頃より頑張らずに、良い姿勢がとれるようになります。

6限目 モデルのように歩く

モデルといっても様々な種類がありますが、ファッションモデルのスキルの真骨頂といえばウォーキングです。ランウェイを颯爽と歩く姿は、人の目も心も惹きつけ、身にまとう衣装や空気までが美しく見えます。何気なく普通に歩いているように見せるのがプロの技。モデルの技術は磨けば磨くほど、自然な動きになって「見えなく」なります。普通に歩いて、普通に笑っているだけ、に見えるのに、なぜかとても美しい。それは容姿だけのせいではなく、磨き上げられた技に秘密があります。

モデルスクールのレッスンで教えている、ウォーキングのマインドと技術を合わせてお伝えします。技術と、それを支える考え方やイメージを一緒に手に入れてください。この秘密を実践すれば、あなたも普通なはずなのに「なぜか美しい」歩き方になっていきます。

《ウォーキングスキル①》足音さえも美しく

足音がバタバタうるさいと、姿を見なくてもガサツな人という印象です。街の雑踏に甘えずに、足音を、リズミカルで軽やかに、そしてできるだけ抑えるように意識してくださ い。自然と、体幹に力が入り、体が上に引き上がるのを感じるでしょう。

実は足音が大きかったり、乱れたりしているのは、姿勢が大きく関係しています。お腹やお尻の力がだらっと抜けて、足を放り投げながら、地面に「落とす」感じで歩いているのです。ガニ股になったり、猫背でガラが悪く見えたり、全体の印象も悪いです。

お腹全体を引き上げて、足を地面に「置く」ように歩きます。腹筋も使って体全体と、脚を持ち上げ、足裏を丁寧に体の正面に置くように歩きましょう。さらに、前後の膝をしっかりと伸ばして歩くのもポイント。膝が曲がっていいのは、靴が空中に浮いているときだけ。膝をスッと伸ばして地面を押し、スッと伸ばして置くのです。

こうすると、性別に関係なく、スマートでエレガントな歩き方になります。バタバタ、ガンガン、ではなく「コツコツ」の足音が正解です。

《ウォーキングスキル②》自分を「中心に集めて」歩く

立ち姿レッスンでもお伝えした「軸」が役に立ちます。

【体の「縦の軸」＝姿勢】背骨をまっすぐに伸ばしてイメージする、体の中心を通る一本の軸。この軸に、肉体をぎゅーっと集めて、広がらないようにするのがポイントでした。ウォーキング中もこの感覚をキープして歩きます。

脇も股も締めます。正面から見たときに、脚の間に景色が見えるのは、軸から脚が逃げている状態。美しいモデルウォーキングは、膝上全て（太もも〜膝）をすり合わせるようにして脚を運びます。体を縦の中心軸に集めながら歩きましょう。リズミカルに、やや大股で颯爽と歩いてください。

【体の「前後の軸」＝まっすぐ一直線上を歩く】体の縦の軸と直角に、地面に沿ってまっすぐのびる前後の軸です。足をおへその正面に置くようにすると、一直線上を歩けます。

このとき、内股、ガニ股は論外です。お尻を締めた状態で、つま先はやや外向き（1時&11時方向くらい）、膝をまっすぐ伸ばして、つちふまず～母指球あたりを、おへその前の一直線上に置くようにします。ハイヒールの場合は、しっかり膝&つま先を伸ばして、つま先とかかとが同時に着地するように歩きましょう。ワイドパンツのときや、健康ウォーキングの場合は、膝の間がやや開いていても構いません。足は、股関節のつけ根の真正面に着地します。ただし、これより外に着地しないように。

体の前後の軸から、体が大きく左右にはみ出さないように、中心に集めながら歩きます。歩くときにフラフラ左右に揺れる癖も抑えられるでしょう。

【心の軸＝自分の体に意識を集中】心ここにあらず状態にならないように、心も体の縦の軸にくっつけておくようなイメージです。心も、自分の中心に集めておきましょう。

自分の足の運びや、筋肉の動きを感じながら歩くと効果的です。こうすることで、「いつの間にか姿勢が崩れていた」ということが少なくなります。歩く体の感覚に集中！

《ウォーキングスキル③》街はランウェイ

ウォーキングを習い始めると、まっすぐな駅のホームや、道路の白線がランウェイに見え、美しい街並みや公園は、ＰＶやドラマの舞台のように感じられます。とても良い傾向です。人気モデルになりきって、頭の中で好きな音楽を流しながら、姿勢を正して歩いてみましょう。

様々なシーンや洋服をイメージしながら歩けば、その「設定」通りに、表情も歩き方も自然と変化するのを感じられるはずです。実際に着ている服をキレイに見せる設定でも良いし、似合う服を想像してウォーキングしても良いでしょう。お気に入りの映画やＰＶの登場人物になりきって、歩くのも楽しいはずです。モデルたちは、そんなふうにあらゆる仕事のオファーを妄想しながら、日常生活の中でもスキルと感性を磨いています。

ウォーキングはテンポや重さ・軽やかさなどを調節すると雰囲気を変えられますが、ウォーキングの設定や音楽が決まると、雰囲気が自然と表れるから不思議です。ただ歩く、という無意識の動作を意識して行うだけで、自分の体も街中も変わってきます。

《ウォーキングマインド》自分の責任で歩く

一歩一歩が自分の意思で決定したもの、狙った場所に足を置く、と意識して歩くだけで、あなたの姿勢もウォーキングも、途端に整います。全くレッスン経験のない方でも「とにかく自分に集中して、一歩ずつに責任を持って歩いてね」と伝えると、背筋は伸び、体のブレが減り、素敵な雰囲気をまといながら歩き始めます。5分も集中してひたすらスタジオを往復してもらえば、さっきとは別人のように変わります。細かいスキルを教える意味ってあるだろうか、と思うほどの変化です。

この自分の責任で、という部分が奥ゆかしい日本人には難しかったりするのですが、生徒さんたちの変化を見るたびに、その重要性を強く感じます。

プロのファッションショーでも、一般の方のウォーキングレッスンでも、複数人が一緒に歩き出す、みたいなシーンがあります。誰かが出たら私も歩き出そう、としていると、永遠にタイミングが合わずグダグダです。全員が自分の責任で、曲やタイミングに合わせて一歩を踏み出す、という覚悟を決めて動くことが必要なのです。

レッスン中に、各々がレッスンスタジオを自由に往復して自主練する、みたいなシーンでも、この言葉はよく出てきます。「自由に歩いて」「隣の人と合わせなくていいよ」と言っても、他の人が歩き出さないとなかなか一歩目を踏み出せない人って多いのです。誰にも怒られたり笑われたりしないのに。

ファーストペンギン、というには大げさかもしれないけれど、そういうことですよ、といつも思います。自戒の念を込めて。

こんな何気ない日常の小さなところでさえも、「誰かに合わせて恥をかかないようにしよう。誰かに続けば安心」という、自分主体では動かない・動けない心が表れます。

こういう小さなポイントから、自分の責任で動く、率先して動く、ということができるようになれば、もっと自分を磨いていきやすくなるし、見た目のキレイさだけでなく、日常生活においても、「あの人何だか変わったな」と一目置かれて、信頼される場面が増えるはず。小さなことでも「自分の責任でやる」を徹底するの、おすすめです。

歩いた場所がランウェイ

ランウェイの上は、本当に自由です。ステージに一歩踏み出せば、誰も遮る人はなく、自分の意思と責任で歩いて、あの独特の美しい世界を生きることができます。ショーは生ものなので、驚くようなトラブルやハプニングもあります。自分の不甲斐なさに、終わった後、一人で大反省会をすることもあります。それでも、舞台袖にハケ切るまで、顔を上げて凛と自分の役目を貫き通し、堂々とウォーキングする快感は、他の何ものにも替え難いもの。

レッドカーペットが敷かれていなくても、私たちがいる場所はどこでもランウェイです。人生の舞台上で、私たちは、自分の責任で自由に生きることができるはずです。その時々で心が向く方向に、自分でレッドカーペットを転がし広げながら進んでいきましょう。歩くことは人生そのもの。歩き方には、私たちの思考や性格、経験が表れます。人生との向き合い方が表れます。美しい姿勢とウォーキングで、人生を楽しい方向へ導いていく。そんなイメージで歩いてもらえたら嬉しいです。

おわりに

モデルマインドを手に入れたあなたは、もうすでに変化を始めています。すでにちょっと輝きが増して、美人になってきています。毎回、私はレッスンで実感するのですが、人は必ず、すぐに変化できるし、美しくなれるのです。ほんの2時間ほど、モデルマインドと技術をお伝えした後は、皆さんの姿勢や表情だけでなく、雰囲気までもが、レッスン前とは全く違った美しさを放つようになります。

美人になる思考法と、美しさを引き出す技術を知ってしまったら、もう元のあなたには戻れません。思考が変化すれば、自ずと行動も変わってきてしまいます。これからも、どうぞその歩みを止めないでください。気になるモデルマインドをピックアップして、スマホにメモして見返し、実践を心がけましょう。全ての項目を一気に実行する必要は全くありません。疲れ果てるので、むしろやめてください。一つずつでいいのです。

焦らず、楽しんで、を心に刻んでください。あなたの心の平安と、ゆるくほぐれた心身から思考も行動も発進させることが、美の変身をスムーズに進めるポイントです。

人は忘れるし、元に戻ろうとしたりする習性がありますから、今始まっている良い変化を、止めないように、丁寧に自分を導いてあげましょう。スマホの待ち受け画面に目標の写真を設定する、目標を壁に貼る、ビジョンボードを飾る。何でもいいので、自分を応援する仕掛けを、今のうちにつくってしまいましょう。心躍るものを用意してください。

もし、あなたが一時的に美を磨けない、いわゆる「美のリタイア期」に突入したとしても、モデルマインドさえあれば、大丈夫です。いつでもあなたのタイミングで、最高に美しいあなたに戻ってくることが可能です。どのように考え、動けばいいのか、もう知っているからです。ライフステージによって、求める美しさも、美しさを磨くスピードも変わって当然。大丈夫！ 我々は美しい!! 自分の美しさを信じて、美のリタイア期も心強く歩んでいきましょう。モデルマインドを持つあなたは、いつだって好きなときに自分の美しさを取り出して、磨き上げることができます。

美の輝き具合は、あなたが願う通りに、自由自在に調節できます。何かに一生懸命になって美を封印しているときがあってもいいし、モデルよりキレイになったっていいのです。自分のイメージやキャラクターは、その時々で変化していいのです。人の期待に過剰に応えようと思い詰めたり、自分の設定をガチガチに固定したりして自分をがんじがらめにしないでください。自己犠牲やボロボロになるまで頑張るアピールなども、もう必要はありません。軽やかに美しく生きていい時代です。堂々と歩いて、人生のスポットライトを、自分に当てましょう。

ショーモデルが歩くランウェイの上は、本当に自由です。自分と身にまとう衣装に、全力で集中して、「最高で最強の私」として歩く感覚は、「生きているなあ」と強く感じさせてくれます。

レッドカーペットが敷かれていなくても、私たちがいる場所は、どこでもランウェイです。そこはショーよりもずっと自由な世界のはずです。

人生は、最期まで明確なゴールなんてありませんし、道のりは必ずしも一直線でなくていいわけです。レッドカーペットの先でさえ、自分の判断で変えられることを忘れないようにしたいものです。

最期の最後、舞台をハケるその瞬間、華麗にターンして人生を振り返り、大胆に張り巡らされたレッドカーペットの網を見て、「なかなかよくやったじゃない」とニヤリと微笑んで、優雅に一礼できたら最高にクールじゃないでしょうか。

歩くことは、人生そのものです。歩き方には、私たちの思考や性格、経験が表れます。つまり、人生との向き合い方が表れます。美しい姿勢とウォーキングで、人生を楽しい方向へ導いていく。そんなイメージで毎日歩いてもらえたら嬉しいです。

美しくなる快感をともに感じましょう。

彩希子（SAKIKO）

著者紹介

彩希子

Model & Beauty School『sen-se』東京講師
モデル／ウォーキング講師／占い師

CM、ファッションショーなど多方面で活躍しコアなファン多数。レッスンでは、愛ある指導と、親しみやすい性格で人気。自身の経験を全力注入する熱血指導は、効果が高い上に、何だかクセになると評判。

「技術とマインドを伝える！」「短期間で一気にそれっぽく！」がモットー。

小学生から80代、様々な性別や職業の方々に、美しくなる楽しさと快感を届けている。モデル＆タレント事務所や大学、TV番組変身企画などでも講師を担当。

著書『「あの人すてき！」と思わせる美人な姿勢図鑑』（新星出版社）

『sen-se』（センス）公式サイト https://sen-se.com
彩希子 Instagram @sakiko_model

人気《にんき》モデル講師《こうし》が教《おし》える美容《びよう》レッスン
何《なに》かいいことあった？と聞《き》かれるほど美人《びじん》になれるモデルマインド

2021年3月22日　第1版　第1刷発行

著　者　彩希子
発行所　WAVE出版
〒102-0074　東京都千代田区九段南3-9-12
TEL 03-3261-3713　FAX 03-3261-3823
振替 00100-7-366376
E-mail: info@wave-publishers.co.jp
https://www.wave-publishers.co.jp

印刷・製本　中央精版印刷株式会社

NDC361　207p　19cm　ISBN978-4-86621-344-6